Professor K. McCoy & Dr. Hardwick

DAS LANGWEILIGSTE BUCH DER WELT

Alles, was Sie für einen erholsamen
Schlaf niemals wissen müssen

Aus dem Englischen
von Thorsten Schmidt

Atlantik

Die Originalausgabe erschien 2018 unter dem Titel
This Book Will Send You to Sleep bei Ebury Press, London.

Atlantik Bücher erscheinen im
Hoffmann und Campe Verlag, Hamburg.

2. Auflage 2019
Copyright © Professor K. McCoy und Dr. Hardwick 2017
Für die deutschsprachige Ausgabe
Copyright © 2019 by
Hoffmann und Campe Verlag, Hamburg
www.hoffmann-und-campe.de   www.atlantik-verlag.de
Illustrationen: Diane Law
Einbandgestaltung: Sarah M. Hensmann © Hoffmann und Campe
Einbandabbildung: © Shutterstock
Satz: Dörlemann Satz, Lemförde
Gesetzt aus der Chaparral Pro und der Brandon Text
Druck und Bindung: CPI books GmbH, Leck
ISBN 978-3-455-00662-9

HOFFMANN
UND CAMPE

Ein Unternehmen der
GANSKE VERLAGSGRUPPE

INHALT

EINLEITUNG

Während unserer langjährigen Forschungstätigkeit am Institut für Sinn- und Nutzlose Studien haben wir uns unter anderem mit dem wichtigen Problem der Schlaflosigkeit und des ungenügenden Schlafs beschäftigt. Wenn Sie ausreichend viel Schlaf bekommen wollen, sollten Sie unbedingt dafür sorgen, möglichst wenig mentale Stimulation zu erhalten. Dabei empfiehlt es sich, einen Bewusstseinszustand anzustreben, der sich durch Langeweile, Ermattung und Desinteresse auszeichnet. Im Rahmen unserer Forschungen haben wir hypnotische Zustände, Schlafwandeln, stereotype Lethargie, Denkabläufe verlangsamende Arzneimittel, und die Phänomenologie der geistigen Leere untersucht. Im Rahmen eines fünfjährigen Experiments ermunterte Professor K. McCoy ihre Versuchspersonen, 15 Stunden pro Tag in einem abgedunkelten Raum zu verbringen, weißem Rauschen zu lauschen und über das Nichts zu meditieren. Leider hat keiner der Probanden bis ans Ende des Experiments durchgehalten, trotzdem waren die vorläufigen Ergebnisse, bezüglich der positiven Auswirkungen auf den Schlaf, sehr vielversprechend.

Während sich einige der traditionellen Methoden zur Förderung des Schlafs, wie etwa Schäfchenzählen oder den Klängen von Meereswellen zu lauschen, in Studien als unterschiedlich wirkungsvoll erwiesen, haben wir herausgefunden, dass die durchweg erfolgreichste Strategie darin besteht, ein Buch zu lesen, bis einem vor Schläfrigkeit die Augen zufallen. Die Herausforderung besteht darin, Bücher zu meiden, die allzu spannend oder allzu faszinierend sind, da bei der Vorbereitung auf das Einschlafen nichts kontraproduktiver ist als starke mentale Anregung. Viele Romane oder Sachbücher schlagen die Leser zumindest bis zu einem gewissen Grad in den Bann und lösen unerwünschte Gedankengänge aus, die sich, sofern ihnen nicht Einhalt geboten wird, womöglich derart hochschaukeln, dass man in einem entsetzlichen Wachheitszustand verharrt.

Diese Entdeckung hat uns dazu veranlasst, diese Sammlung kurzer Texte zusammenzustellen. Jede Seite ist garantiert gänzlich reiz- und spannungslos. Alle womöglich interessanten oder anregenden Elemente wurden getilgt, und wir haben uns bemüht, den Text so zu gestalten, dass er beim Leser eine Art geistige Benebelung hervorruft und ihn in einen Zustand hypnotischer Verträumtheit und Schlafsehnsucht versetzt. Der Text wurde von einem Team hochkarätiger »Schlaftabletten«, gefühlloser Drohnen und Experten aus vollkommen nutzlosen Fachgebieten verfasst. Professor McCoys Schaubilder und Grafiken führen eine zusätzliche Ebene einschläfernder Verwirrung ein, die garantiert einen Zustand ausgeprägter Lethargie auslöst. In Experimenten haben diese Texte 97 Prozent der Probanden in 58 Prozent der Fälle in 73 Prozent der untersuchten Experimentalbedingungen bei einer annehmbaren Fehlertoleranz innerhalb von zehn Minuten einschlafen lassen. Daher haben wir diese experimentellen Texte in diesem Buch zusammengetragen. Wir hoffen aufrichtig, Sie werden sich beim Lesen mindestens genauso langweilen wie wir beim Schreiben.

Professor K. McCoy und Dr. Hardwick

DIE POLITISCHE KRISE
IN BELGIEN, 2007 – 2011

Die politische Krise von 2007–2011 war eine Zeit der Instabilität in Belgien. Ausgelöst wurde die Krise unter anderem durch Streitigkeiten in Bezug auf die Staatsreform und die Frage, ob der Wahlbezirk Brüssel-Halle-Vilvoorde als ein einheitlicher Wahlbezirk erhalten bleiben oder in zwei Wahlkreise aufgespalten werden sollte. Im Anschluss an die Parlamentswahlen von 2007 zogen sich die Verhandlungen zwischen den Parteien 196 Tage lang hin, ehe eine Koalitionsregierung gebildet werden konnte. Nach den Wahlen von 2010 dauerte es sogar noch länger – 541 Tage –, bis die Verhandlungen über die Bildung einer Koalitionsregierung erfolgreich abgeschlossen werden konnten. Bei diesen Verhandlungen hat eine Vielzahl belgischer Politiker in unterschiedlichsten politischen Rollen die Leitung der Sondierungsgespräche übernommen. Bart De Wever von der Neu-Flämischen Allianz leitete die Gespräche von 17. Juni 2010 bis 8. Juli 2010 in der Rolle des *informateur*. Der Titel *formateur* bezeichnet in Belgien die Person, die die Verhandlungen über eine Koalitionsregierung führt. Die Aufgabe eines *informateur* besteht darin, Vorgespräche zu führen, die die Grundlagen für die anschließende Arbeit eines *formateur* darstellen.

Nach De Wever wurde Elio Di Rupo von der Sozialistischen Partei *pré-formateur*, ein Titel, der ebenfalls jemanden bezeichnet, der die Grundlagen für die anschließende Tätigkeit eines *formateur* legt, der aber nicht als *informateur* bezeichnet wird, weil er vielleicht selbst noch *forma-*

teur oder auch Premierminister werden könnte (während *informateurs* im Grunde eher als Assistenten des *formateur* angesehen werden). Di Rupo leitete die Gespräche bis zum 3. September 2010, als er vom Senatspräsidenten Danny Pieters und dem Präsidenten der Abgeordnetenkammer, André Flahaut, abgelöst wurde. Beide wurden Mediatoren genannt, nicht etwa *formateurs, informateurs* oder *pré-formateurs*. Als sie ihre Gespräche am 5. Oktober 2010 ergebnislos beendeten, wurde De Wever abermals die Leitung der Gespräche übertragen, aber jetzt fungierte er nicht mehr als *informateur,* sondern als *clarificateur.* Vom 21. Oktober bis zum 26. Januar 2011 war dann Johan Vande Lanotte Mediator, und die Gespräche wurden fortgesetzt.

NEUNZEHN DINGE, DIE EINEN
SCHON SCHLÄFRIG MACHEN,
WENN MAN (NUR) DARAN DENKT

- Die allmähliche Ausbreitung von Schimmel
- Zusehen, wie Farbe trocknet
- Ein Seminar über Fragen der kommunalen Selbstverwaltung
- Die Jahrestagung der Gesellschaft für Philatelie
- Ermüdende Wanderungen an trostlosen Orten
- Differenzierung von Bodenproben
- Schlange stehen in der Postfiliale
- Schulungstag für die Firmendatenbank
- Anlage zur Einkommensteuererklärung, zur Angabe der abzugsfähigen Ausgaben
- Schneckenwettrennen
- Verschiedene Beigetöne
- Ein Sonntagnachmittag im Jahr 1975
- Die städtische Kanalisation
- Massenermittlung
- Eine lange Partie Monopoly
- Das Zählen der Haare auf einem stark behaarten Kopf
- Das brummende Geräusch von Hochspannungsmasten
- Unbebaute Grundstücke im Umland einer Stadt
- Ihr örtlicher Förderverein für eine saubere Umwelt

DIE VERWALTUNGSBÜROKRATIE
DES BYZANTINISCHEN REICHS

(Ein Auszug aus *Die byzantinische*
Verwaltungsorganisation von Prof. L. Tedioso)

Die Beamtenschaft des Byzantinischen Reichs war einerseits ein Teil der politischen Kultur von Byzanz, die aber zugleich von ihr getrennt war. Sie nahm Verwaltungsaufgaben wahr, verfolgte jedoch zudem einen exekutiven Verwaltungsansatz. Die Bürokratie wurde im Lauf der Jahre viele Male reorganisiert, wie wir auf S. 17, S. 84, S. 835, S. 839 und S. 1008 noch ausführlicher darlegen werden. Die Beamtenschaft lässt sich in drei Gruppen einteilen: die Palastverwaltung, die ihren Sitz in einem Palast hatte, die Provinzregierung, die für die öffentliche Verwaltung in den Provinzen zuständig war, und der zentrale öffentliche Dienst, der für die zentrale Leitung des Verwaltungsapparats zuständig war. Die Beamtenschaft zählte schätzungsweise mindestens 600 Beamte, die in 13 verschiedenen Ämtern beziehungsweise Ministerien tätig waren. Innerhalb der zivilen Verwaltungsbürokratie wurde grundsätzlich zwischen *Kritai* (Justizbeamten) und *Sekretikoi* (Finanzbeamten) unterschieden. Die Sekretikoi wurden von einem *Sakellarios* genannten Aufsichtsbeamten geleitet. Die Sakellarios ihrerseits wurden von *Logothetēs* genannten Ressortleitern beaufsichtigt. Der *Logothetēs tou* Genikou zum Beispiel war der für die Finanzverwaltung zuständige Finanzminister, der die *Sakellarios* des Finanzamts überwachte, die ihrerseits die *Kritai* des Finanzamts innerhalb der zivilen Verwaltungsbürokratie beaufsichtigten. In ähnlicher Weise beaufsichtigte der *Logothetēs tou Dromou* das Postamt. Die *Kritai*, die sich mit Angelegenheiten befassten, die das Postamt betrafen, und mit anderen, ähnlich gelagerten Angelegenheiten, unterstanden den *Sekretikoi*, der für das Postamt zuständigen Beamtenschaft. Und die *Sekretikoi* ihrerseits unterstanden dem *Logothetēs tou Dromou*.

MEHRGESCHOSSIGE HYPNOSE

Schließen Sie die Augen. Sie gehen einen betonierten Weg entlang, links von Ihnen befindet sich eine Betonmauer, rechts von Ihnen befindet sich eine Betonmauer. Direkt neben Ihnen, zu Ihrer linken Seite steht ein kleines blaues Auto, daneben ein großes graues Auto, dann ein weißes Auto, gefolgt von einem roten Auto, direkt neben einem grünen Auto mit einem Fahrrad im Wagenfond. Daran schließt sich ein silberfarbenes Auto an, gefolgt von einem großen schwarzen Auto mit glänzenden Radfelgen. Blicken Sie nach rechts, da steht ein großes graues Auto, gefolgt von einem mittelgroßen blauen Auto, hinter dem ein rotes Auto steht, an das sich ein großer weißer Transporter anschließt. Gehen Sie weiter den betonierten Weg entlang und achten Sie dabei auf die Betonmauern zu Ihren beiden Seiten. Irgendwann kommen Sie an eine gewundene Rampe aus Beton: Gehen Sie diese gewundene Rampe aus Beton hinunter – sie ist grau, sehr, sehr grau, und ihre Windungen scheinen kein Ende zu nehmen. Sie befinden sich wieder auf einem betonierten Weg. Links von Ihnen befindet sich eine Betonmauer, rechts von Ihnen befindet sich eine Betonmauer. Direkt links von Ihnen steht ein rotes Auto neben einem weißen Auto, neben einem großen silbernen Auto mit Aufklebern an der Windschutzscheibe. Dann reihen sich drei schwarze Autos aneinander, gefolgt von einem grünen Auto und dann einem sehr kleinen roten Auto. Links von Ihnen steht ein weißes Auto, gefolgt von einem roten Van neben einem kleinen silberfarbenen Auto mit einem Kindersitz im Wagenfond. Gleich daneben steht ein gelbes Auto, gefolgt von zwei silberfarbenen Autos und einem großen schwarzen Motorrad. Gehen Sie weiter den betonierten Weg entlang. Sie kommen abermals an eine Stelle, wo er sich über eine Rampe nach unten windet. Gehen Sie hinunter und achten Sie dabei auf die grauen Wände zu Ihren beiden Seiten. Gehen Sie immer weiter durch die Windungen nach unten. Jetzt verläuft der betonierte Weg wieder geradeaus. Links von Ihnen befindet sich eine Betonmauer, rechts von Ihnen befindet sich eine Betonmauer. Direkt neben Ihnen steht ein schwarzes Auto mit einem Dachgepäckträger, gefolgt von einem großen blauen Van mit abgedunkelten Fensterscheiben. Daneben steht ein weißes Auto, gefolgt von einem grünen Auto, gefolgt von vier silberfarbenen Autos. Das erste silberfarbene Auto ist sehr klein, das zweite silberfarbene Auto ist groß und glänzend, das dritte ist mittelgroß und seit einiger Zeit nicht mehr gereinigt worden, das vierte ist klein und auf dem Beifahrersitz liegt ein Kissen. Auf ein großes blaues Auto folgen ein weißes Auto und ein kleiner schwarzer Van. Folgen Sie dem Weg, der sich in Spiralen immer weiter nach unten windet …

37 NAMEN FÜR SCHNEE

Altschnee
Barchan
Blizzard
Büßerschnee
Dauerschnee
Dendrit
Firn
Graupel
Ground Blizzard
Kissenverwehung
Nadel
Neuschnee
Polykristall
Pulverschnee
Raureif
Reifgraupel
Riffelschnee
Säule
Sastrugi (Windgangeln)
»Schmutziger Schnee«
   (durch herangewehte
   Bodenpartikel und
   Erdreich schmutzig
   eingefärbter Schnee)

Schneebrücke
Schneedecke
Schneefegen
Schneeflocke
Schneegestöber
Schneegriesel
Schneematsch
Schneeregen
Schneeringe
Schneesturm
Schneetreiben
Schneeverwehung
Schneezunge
Sulz(-Schnee)
Tiefschnee
Verharschter Schnee
Wechte

EINIGE SPORTSTATISTIKEN

- Im Finale der US-Baseballmeisterschaften des Jahres 1886, der World Series zwischen den St Louis Browns und den Chicago White Stockings wurden insgesamt 63 Errors (Fehler) gezählt.

- Das längste Tennismatch der Geschichte fand 2010 in Wimbledon zwischen John Isner und Nicolas Mahut statt. Es dauerte insgesamt 11 Stunden und 5 Minuten, verteilt auf drei Tage.

- Bei der Handballweltmeisterschaft der Männer im Jahr 1958 erzielte Norwegen 67 Tore.

- Bei den Olympischen Spielen von 1996 gewann Südkorea in der Kategorie Bogenschießen eine Medaille.

- In der Welt des Crickets fand das längste Test Match zwischen Südafrika und England statt. Es begann am 3. März 1939 und endete 12 Tage später, nach einer Spielzeit von insgesamt 43 Stunden und 16 Minuten, 1981 Runs (Punkten) und 5447 Bällen (Würfen). Das Ergebnis war ein Unentschieden.

- Bei den Floorball-Weltmeisterschaften der Frauen hat Schweden öfter als jede andere Mannschaft den Sieg davongetragen. Die einzigen anderen Gewinnermannschaften waren bisher Finnland und die Schweiz.

- In Westflandern und den umliegenden Regionen wird eine Variante des britischen Kugelspiels Bowls gespielt, das sogenannte Tra-Bowls.

- Bei den Weltmeisterschaften in dem Spiel »Schere, Stein, Papier« beläuft sich die Siegesprämie auf 10 000 Dollar.

- Im Jahr 2011 gewann Fergal »Eyesore« Fleming den »Wettbewerb im Anstarren« im australischen Northern Territory, nachdem sie ihre Gegnerin 40 Minuten und 59 Sekunden lang, ohne zu zwinkern, angestarrt hatte.

- Eines der längsten Pokerspiele der Geschichte fand im Bird Cage Theatre in Tombstone, Arizona, statt. Es dauerte 8 Jahre, 5 Monate und 3 Tage: von 1881 bis 1889.

- Bei den British and World Championships im Murmelspiel wurden im April 1962 erstmals Glasmurmeln statt der früheren Tonmurmeln verwendet.

- Bei den Olympischen Spielen von 1956 gewann die deutsche Reiterin Liselott Linsenhoff auf Adular die Einzeldressur, die aufgrund von Quarantänemaßnahmen nicht in Melbourne, sondern in Schweden stattfand.

GEDANKENWIRBEL

NEUESTE ENTWICKLUNGEN IN DER
TAXONOMIE DER WEICHTIERE (MOLLUSKEN)

Seit der Veröffentlichung der Taxonomie der Gastropoden von Bouchet & Rocroi (2005) hat es zahlreiche kleinere Änderungen an der wissenschaftlichen Klassifikation der Nackt- und Gehäuseschnecken gegeben. Ein bedeutender Beitrag von Klussmann-Kolb und ihren Kollegen war die Neuklassifizierung der Euthyneura. Nach weiteren Arbeiten von Jörger und Mitarbeitern wurden die größten Gruppen innerhalb der Heterobranchia neu definiert. Eine der spannendsten neuen Forschungsarbeiten betrifft die Klassifikation der Conoidea, auf die wir später zurückkommen werden.

Vor kurzem wurde gezeigt, dass das ausgestorbene Taxon Helcionelloida nicht zu den echten Gastropoden zählte, sodass diese paläozoischen Mollusken von unsicherer systematischer Stellung als eine eigene Klasse innerhalb der Mollusken neu klassifiziert werden mussten, um Verwirrung zu vermeiden. Innerhalb der Ordnung der Patellogastropoda, zu denen auch die Echten Napfschnecken gehören, haben Nakano und Ozawa im Jahr 2007 auf Grundlage ihrer Forschung einige kleinere Neuklassifizierungen vorgenommen. Die Acmaeidae wurden zu den Lottioidae gestellt, während zugleich eine neue Familie, die Eoacmaeidae, definiert wurde. Um in diesem Bereich der Taxonomie der Mollusken einen höheren Grad der Präzision zu erreichen, wurden drei weitere Familien (Daminilidae, Lepetopsidae, Neolepetopsidae) in die Klasse der Lottioidea gestellt.

Was die Vetigastropoda anlangt, so hatte die Arbeit von Geiger (2009) weitreichende Folgen. Die Unterfamilie Depressizoninae  wurde umbenannt in die Familie Depressizonidae. Zwei weitere Gruppen, die bis dahin als Unterfamilien angesehen worden waren (die Larocheinae aus der Familie Scissurellidae, und die Temnocinclinae aus der Familie Sutilizonidae), wurden ebenfalls in den Rang von Familien hochgestuft, wobei sie teilweise umbenannt wurden. Die Larocheinae heißen jetzt Larocheidae, und die Temnocinclinae wurden umbenannt in Temnocinclidae.

Es gibt noch eine weitere bedeutende neue Erkenntnis: Während wir bislang glaubten, die Überfamilie Neomphaloidea sei Teil der Klade Vetigastropoda, haben neue Entdeckungen im Bereich der molekularen Phylogenie gezeigt, dass sie in Wahrheit eine eigene Klade, die Neomphalina, bildet. Doch was die überaus wichtige Beziehung zwischen Neomphalina und Vetigastropoda angeht, bedarf es weiterer Forschungen, da die bisherigen Ergebnisse nicht eindeutig sind.

Als Nächstes kommen wir nun zu den Neritimorpha. Im Jahr 2007 identifizierte Bandel eine Reihe neuer Familien innerhalb der Neritopsoidea, die er in die Ordnung der Neritina stellte, die selbst zur Überordnung Cycloneritimorpha gehört (aber selbstverständlich weiterhin der Unterklasse Neritimorpha zugehört). Dies führt logischerweise zur Anerkennung der Natisopsinae (die von Bouchet & Rocroi im Jahr 2005 zu den Neritopsidae gestellt wurden), die zur Familie der Naticopsidae gehören. Die Überfamilie Neritopsoidea umfasst daher gegenwärtig die Familien Neritopsidae, Fedaiellidae, Delphinulopsidae, Cortinellidae,

Palaeonaricidae und Naticopsidae. Auf den folgenden Seiten werden wir die Bedeutung der Taxonomie der Caenogastropoda und der revidierten Beziehung zwischen der Familie Provannidae und der Überfamilie Abyssochrysoidea diskutieren. Wir werden uns auch mit der Hochstufung der Unterfamilie Semisulcospirinae in den bedeutenderen Status einer Familie beschäftigen, womit einhergehend sie in Semisulcospiridae umbenannt wurde. So wichtig all diese Entwicklungen in der Taxonomie der Mollusken sind,  wir sollten uns immer vor Augen halten, dass alle Klassifikationen in Zukunft möglicherweise wieder neu klassifiziert werden.

EISENBAHNSPURWEITEN: EINE ÜBERSICHT

Seit der Erfindung von Dampflokomotiven im 19. Jahrhundert wurden Gleise mit unterschiedlichen Spurweiten verlegt. Die Spurweite ist ein Maß für den Abstand zwischen zwei Gleisen. George Stephenson baute die Stockton & Darlington Railway mit einer Spurweite von 1422 mm, nachdem er die gleiche Spurweite auf dem Killingworth Wagonway erprobt hatte. Diese wiederum basierte auf einer Grubenbahn, dem sogenannten Willington Way.

Damals wurden in Großbritannien für verschiedene Eisenbahnen verschiedene Spurweiten verwendet. Die Penydarren Tramroad in South Wales nutzte eine Spurweite von 1321 mm. Die Monkland & Kirkintilloch Railway in Schottland entschied sich für eine Spurweite von 1372 mm. Die Dundee & Newtyle Railway, ebenfalls in Schottland, wählte eine Spurweite von 1384 mm. Die Redruth & Chasewater Railway hatte eine Spurweite von 1219 mm. Die Arbroath & Forfar Railway nutzte eine Spurweite von 1676 mm. Die Ulster Railway entschied sich für eine Spurweite von 1879 mm. Doch nach der Eröffnung der Stockton und Darlington Railway entschieden sich viele Eisenbahngesellschaften, darunter auch die Liverpool & Manchester Railway, für dieselbe Spurweite wie Erstere beziehungsweise für eine geringfügig größere von 1435 mm, die sich zur sogenannten Normal- oder Regelspur entwickelte. Sie wurde auch Schmalspur genannt, im Gegensatz zur Breitspur, die bei der Great Western Railway üblich war (anfänglich 2133 mm und später 2139 mm). Es wurde über die Frage gestritten, ob Schmalspur oder Breitspur besser sei, während einige Eisenbahnen weiterhin andere Spurweiten verwendeten, so etwa die Eastern Counties Railway, die für eine Spurweite von 1524 mm optierte.

Als sich Eisenbahnen weltweit ausbreiteten, blieben verschiedene Spurweiten erhalten. Einige der gängigsten Spurweiten waren eine Weite von 1067 mm (verwendet zum Beispiel in Süd- und Zentralafrika, auf den Philippinen, Japan und Teilen Australiens), die Russische Spurweite von 1520 mm (verwendet in Armenien, Aserbaidschan, Weißrussland, Finnland, Estland, Georgien, Kasachstan, Kirgisistan, Lettland, Litauen, Moldawien, Mongolei, Russland, Tadschikistan, Turkmenistan, Ukraine und Usbekistan), die Finnische Spurweite von 1524 mm (in Finnland üblich), die Irische Breitspur von 1600 mm (in Irland, Brasilien und Teilen Australiens verwendet), die Iberische Breitspur von 1668 mm (in Spanien und Portugal eingesetzt) und die Indische Breitspur mit 1676 mm (wird in Indien, Pakistan, Bangladesch, Sri Lanka, Argentinien und Teilen der Vereinigten Staaten verwendet). Die Normalspur wird in Albanien, Argentinien, Äthiopien, Australien, Belgien, Bosnien und Herzegowina, Bulgarien, China, Dänemark, Deutschland, Dschibuti, Frankreich, Griechenland, Indonesien, Israel, Italien, Kanada, Kroatien, Kuba, Liechtenstein, Luxemburg, Mazedonien, Mexiko, Montenegro, Niederlande, Nordkorea, Norwegen, Österreich, Panama, Peru, Polen, Rumänien, Schweden, Schweiz, Serbien, der Slowakei, Slowenien, Spanien, Südkorea, der Tschechischen Republik, Ungarn, Uruguay, Venezuela, den Vereinigten Staaten sowie auf einigen Strecken in Indien, Japan und Taiwan verwendet.

Innerhalb der Vereinigten Staaten unterschieden sich

die Spurweiten der Eisenbahnen teilweise geringfügig. Die Normalspur von 1435 mm wurde zum Beispiel auf der Baltimore & Ohio Railroad und der Boston & Albany weithin verwendet. Die Pennsylvania Railway nutzte hingegen eine geringfügig andere Spurweite von 1448 mm. Die Erie Lackawanna setzte auf eine Breitspur von 1829 mm. In Kanada ist eine Spurweite von 1676 mm üblich. In den Südstaaten der Vereinigten Staaten betrug die gängigste Spurweite 1524 mm. Die transkontinentale Eisenbahn wurde ursprünglich mit 1524 mm geplant, später wurde der Plan jedoch geändert und die Normalspur von 1435 mm eingesetzt.

Einige interessante alternative Spurweiten, die nicht länger gebräuchlich sind, sind unter anderem 1946 mm, die zwischen 1839 und 1864 in den Niederlanden verwendet wurde, 1759 mm, die kurzzeitig in Indonesien gebräuchlich war, 1593 mm, für die sich die Kiewer Straßenbahn in der Ukraine entschieden hatte, und 1263 mm, die 1911 auf der Linie Częstochowa – Herby zum Einsatz kam.

DAS WACHSTUMSMUSTER DER EUROPÄISCHEN STECHPALME
(ILEX AQUIFOLIUM)

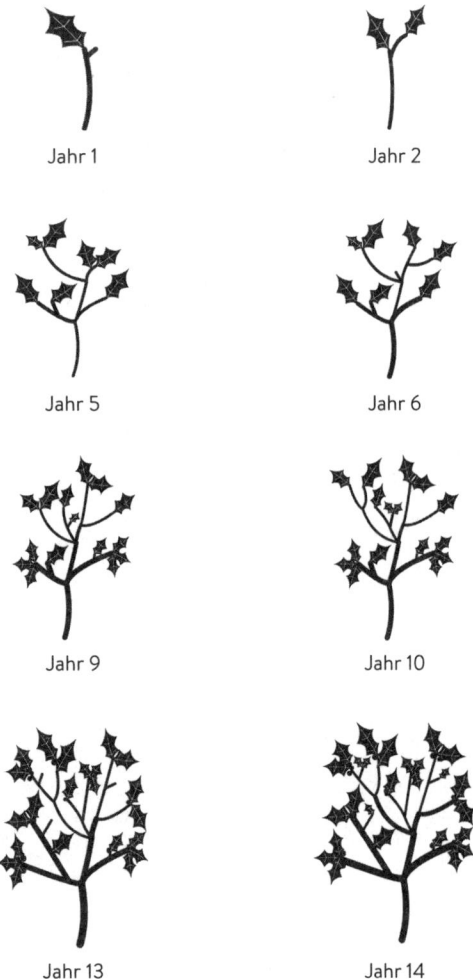

Jahr 1

Jahr 2

Jahr 5

Jahr 6

Jahr 9

Jahr 10

Jahr 13

Jahr 14

Jahr 3

Jahr 4

Jahr 7

Jahr 8

Jahr 11

Jahr 12

Jahr 15

Jahr 16

DIE BELANGLOSESTEN EINTRÄGE
IN INTERESSANTEN TAGEBÜCHERN

Christoph Kolumbus — Samstag, 4. August 1492
Wir steuerten mit Kurs SW zu S

Präsident Harry S. Truman — 3. März 1947
Einen angenehmen Tag verbracht.
Zu Bett gegangen und um 2.30 Uhr einen Anruf erhalten.
Dienstag.
Es ist ein schöner Morgen. Aber über Texas und Oklahoma
ziehen Wolken auf.

Samuel Pepys — 17. Juni 1660
(unvollständiges Transkript)
Lag lange im Bett ...

Ludwig Wittgenstein — 10. April 1934
Ich saß da und betrachtete Wolken, die langsam hinter dem
Fenster vorbeizogen. Dann schlief ich ein.

George Orwell — 2. September 1938
Heiter und recht warm.

General Joseph W. Stilwell — 1. August 1943
Vormittags Büro. Übliches Zeug. Nachmittags Nickerchen.
Abends gelesen. Erholsamer Schlaf.

WIE DIE PYRAMIDEN ERBAUT WURDEN

Die ägyptischen Pyramiden sind pyramidenförmige Gebäude in Ägypten. Es gibt über 100 Pyramiden, die überwiegend in sandigen Wüstengebieten errichtet worden sind. Jahrhundertelang spekulierten Wissenschaftler darüber, wie die Pyramiden gebaut wurden. Heute kennen wir die wahre Geschichte des Bauvorgangs.

Zunächst wurden von den Architekten detaillierte Pläne für die Pyramiden entworfen. Anschließend wurden die Pläne den Baumeistern übergeben, deren Aufgabe darin bestand, den Anweisungen zu folgen. Ein einzelner Felsblock wurde mühsam durch die Sandwüste gezogen und an der vorgesehenen Stelle platziert. Anschließend wurde ein zweiter Felsblock langsam durch den Sand gezogen und, wie in den Plänen vorgegeben, neben dem ersten Block platziert. Danach wurde ein dritter Felsblock langsam durch den Sand gezogen und Zentimeter für Zentimeter bündig an den zweiten Block geschoben, der nach wie vor neben dem ersten Block lag, an der Stelle, an der er abgelegt worden war. Daraufhin wurde ein vierter Block langsam durch den Sand gezogen und zentimeterweise sorgfältig in die richtige Position geschoben. Dann wurde ein fünfter Block sorgfältig durch den Sand gezogen und mühsam an die richtige Stelle bewegt. Diese Blöcke waren die ersten fünf Blöcke, die entweder die Außenmauer oder den inneren Aufbau der Pyramiden bildeten. Letztlich ging es darum, eine Pyramidenform zu schaffen, die in ihrem Innern Kammern und Tunnel sowie innere Strukturen aus Steinblöcken enthielt. Die inneren Strukturen benötigten folglich ebenso wie die Außenmauern einen Grundblock.

Als die erste Reihe von Steinblöcken so lang war, wie es die Pläne vorgaben, zogen die Bauarbeiter in der glühend heißen Sonne langsam einen weiteren Steinblock durch den Sand. Dies dürfte ein sehr langwieriger Prozess gewesen sein, da der Block jeweils nur ein paar Zoll vorwärtsbewegt werden konnte. Dieser Block wurde neben der bestehenden Reihe von Steinblöcken platziert, aber statt die Reihe in die eine oder andere Richtung zu verlängern, wurde der Block langsam und sorgfältig in eine unmittelbar an die Reihe angrenzende Position bewegt, wo er das erste Element einer senkrechten Mauer bildete. Dann wurde ein zweiter Block langsam über den Sand gezogen und mühsam neben dem Block platziert, der zuvor gemäß den Planvorgaben sorgfältig ausgerichtet worden war. Anschließend wurde ein dritter Block sehr langsam über den Sand gezogen. Dieser dritte Block des neuen Abschnitts der Pyramidenbasis wurde genau an der richtigen Stelle verlegt, direkt im Anschluss an den vorhergehenden Block, der an den ersten Block dieses neuen Abschnitts angesetzt worden war, der im rechten Winkel zum vorhergehenden Abschnitt der Basis verläuft. Dies alles stand selbstverständlich in Einklang mit den detaillierten Plänen, die die Baumeister regelmäßig konsultiert haben dürften. Ein an einer falschen Stelle platzierter Block hätte verheerende Folgen haben können. Wenn dieser dritte Block des neuen Abschnitts falsch ausgerichtet worden wäre, dann hätten die Arbeiter jeden einzelnen der vorhergehenden Blöcke über den Sand zurückziehen müssen, um wieder ganz von vorne zu beginnen.

Schließlich war jeder Block in der Basisschicht der Pyramide ordnungsgemäß und sorgfältig ausgerichtet. So mühsam diese Bauphase auch gewesen war, gestaltete sich der nächste Abschnitt noch komplexer. Jetzt musste der erste Block der zweiten Schicht in der sengenden Hitze der Sonne langsam und sorgfältig über den Wüstenboden gezogen und anschließend mühsam angehoben werden, damit er an der richtigen Stelle auf der vorhandenen Schicht von Steinblöcken abgelegt werden konnte. Anschließend wurde der zweite Block langsam und sorgfältig über den Sand gezogen und nach und nach zentimeterweise angehoben, um ihn an der richtigen Stelle neben dem ersten Block in der zweiten Schicht von Blöcken der Pyramide zu platzieren. Dieser Block musste vorsichtig hochgestemmt und dann an die vorgesehene Stelle bewegt werden.

Unsere Erklärung dieses Vorgangs mag nicht hundertprozentig exakt sein. Ein Teil des langsamen, sorgfältigen Ziehens der Blöcke über den Sand mag zur gleichen Zeit stattgefunden haben, zu der die Blöcke für die Schichten mühsam gezogen und vorsichtig an die richtige Stelle gestemmt wurden, ehe der Prozess weiterging.

ZÄHLEN SIE DIE SCHAFE

DAS WÖRTERBUCH DER DUMPFHEIT

(unter Einbeziehung des Neuen Apathesaurus)

Abgeschlagenheit, *die*; Müdigkeit, Erschöpfung, Teilnahmslosigkeit, Schläfrigkeit

Apathie, *die*; Untätigkeit aufgrund von Gleichgültigkeit, mangelnde Begeisterung, Lethargie

Distanziertheit, *die*; Mangel an Verbundenheit, Engagement oder Interesse

Dumpfheit, *die*; die Eigenschaft, langweilig, ermüdend oder uninteressant zu sein

Eintönigkeit, *die*; mangelnde Abwechslung, der Überdruss an der endlosen Wiederholung

Ennui, *der*; ein allgemeiner Zustand der Langeweile, oftmals ausgelöst durch Überdruss und ein allgemeines Gefühl der Sinnlosigkeit

Fadheit, *die*; ein Mangel an bedeutsamen oder ansprechenden Merkmalen, ein Gefühl der Reizlosigkeit und Langeweile

Flaute, *die*; ein Ort oder eine Phase der Stagnation, Langeweile oder Mattigkeit

Gleichförmigkeit, *die*; ein einschläfernder Mangel an Abwechslung

Gleichgültigkeit, *die*; ein Mangel an Interesse, Engagement, Verbundenheit, Anteilnahme oder Begeisterung

Langeweile, *die*; siehe Überdruss

Lethargie, *die*; ein Zustand der Abgeschlagenheit, emotionalen Trägheit, Niedergedrücktheit oder Gleichgültigkeit

Lustlosigkeit, *die*; Mangel an Energie, Schlappheit und schläfrige Gleichgültigkeit

Mattigkeit, *die*; ein Zustand angespannter Teilnahmslosigkeit

Sorglosigkeit, *die*; Gleichgültigkeit, Lässigkeit, lethargische Uninteressiertheit

Taedium vitae, *(lat.) das*; ein Zustand extremer Teilnahmslosigkeit, Lebensekel, Überdruss an allem

Überdruss, *der*; Abstumpfung, Eintönigkeit, Langeweile usw.

D
I E
SEHPROBENTAFEL,
DIE OPTIKER VERWENDEN,
HEISST SNELLEN-DIAGRAMM.

SIE IST BENANNT NACH HERMAN SNELLEN, DER IM JAHR 1862 DIE ERSTE DERARTIGE TAFEL SCHUF. DIE TAFELN BESTEHEN IM ALLGEMEINEN AUS ELF ZEILEN MIT DRUCKBUCHSTABEN. IN DER ERSTEN ZEILE STEHT EIN SEHR GROSSER BUCHSTABE. DIE ZEILEN ENTHALTEN IMMER MEHR BUCHSTABEN, JE TIEFER MAN AUF DER SEITE NACH UNTEN GEHT, WOBEI DIE BUCHSTABEN IMMER KLEINER WERDEN. BEI EINEM TEST SITZT MAN SECHS METER VON DER TAFEL ENTFERNT UND VERSUCHT, DIE BUCHSTABEN LAUT VORZULESEN. SNELLEN DEFINIERTE DIE STANDARD-SEHKRAFT ALS FÄHIGKEIT, EINES SEINER SEHZEICHEN (DER FACHTERMINUS FÜR DIE BUCHSTABEN, DIE BEIM SNELLEN-TEST VERWENDET WERDEN) INNERHALB EINES WINKELS VON 5 WINKELMINUTEN ZU ERKENNEN. DIES BEDEUTET, DASS DIE PERSON EIN RÄUMLICHES MUSTER UNTERSCHEIDEN KANN, DAS DURCH EINEN SEHWINKEL VON EINER BOGENMINUTE DIVIDIERT WIRD. IN VIELEN FÄLLEN WIRD DER SNELLEN-TEST HEUTE DURCH DIE LOGMAR-TAFEL ERSETZT, DIE EBENFALLS BUCHSTABENREIHEN VERWENDET UND DIE IM JAHR 1976 AM AUSTRALISCHEN NATIONAL VISION RESEARCH INSTITUTE ENTWICKELT WURDE. MIT DER LOGMAR-TAFEL KÖNNEN OPTIKER DIE SEHSCHÄRFE GENAUER ABSCHÄTZEN ALS MIT DEM SNELLEN-TEST.

WISSENSWERTES ÜBER KREISVERKEHRE

- Der weltweit erste Kreisverkehr (im modernen Stil) war der Brautwiesenplatz in Görlitz, Deutschland, der im Jahr 1899 eröffnet wurde.

- Der Columbus Circle in New York, der von William Phelps Eno entworfen worden war, ist ein weiteres frühes Beispiel für einen Kreisverkehr: Er stammt aus dem Jahr 1904.

- Auch am Place de l'Étoile in Paris wurde im Jahr 1907 ein Verkehrskreisel in Betrieb genommen.

- Der erste britische Kreisverkehr (im modernen Stil) wurde im Jahr 1909 in Letchworth Garden City erbaut.

- In den fünfziger Jahren wurden die ersten Kreisverkehre in Australien eröffnet.

- Bei einer Erhebung, die 1998 in den USA durchgeführt wurde, kam heraus, dass in Städten, in denen Kreisverkehre eingeführt werden sollten, 68 Prozent der Bürger dagegen waren.

- Das dänische Wort für Kreis lautet *rundkørsel*. Das ungarische Wort lautet *körforgalom*.

- Der Mini-Kreisverkehr wurde von Frank Blackmore vom britischen Transport and Road Research Laboratory entwickelt.

- Auf den Kanalinseln gibt es einige Kreisverkehre, bei denen weder die Fahrzeuge im Kreisverkehr noch diejenigen, die sich ihm nähern, Vorfahrt haben.

- In der Stadt Nelson in Neuseeland ereignet sich in einem Kreisverkehr im Durchschnitt ein Unfall pro Jahr.

- Für einen dreispurigen Kreisverkehr benötigt man eine kreisförmige Fläche, deren Durchmesser zwischen 67 und 91 Metern liegt.

- Ein Regentropfen-Kreisverkehr ist ein Kreisverkehr, der nicht rund ist, sondern die Form eines Regentropfens hat.

- Grundsätzlich gilt, dass sich die Fahrzeuge im Linksverkehr im Uhrzeigersinn bewegen, während sie sich im Rechtsverkehr entgegen dem Uhrzeigersinn bewegen.

- In Frankreich gibt es über 20 000 Kreisverkehre.

- In Japan wurde der erste Kreisverkehr erst im Jahr 2013 eröffnet.

- In einigen Regionen werden Kreisverkehre »Rondelle« genannt.

- In einigen Ländern, wie etwa Belgien, Polen und Slowenien, wird eine Variante des traditionellen zweispurigen Kreisverkehr-Designs »Turbo-Kreisverkehr« genannt.

- In Redditch (nahe Birmingham in Großbritannien) gibt es über 40 Kreisverkehre.

KURZE GESCHICHTE DER
POST IN INDONESIEN

Das staatliche Postunternehmen Indonesiens heißt Pos Indonesia. Es hat eine faszinierende Geschichte. Die erste Briefmarke in dem Gebiet, das damals Niederländisch-Ostindien hieß, wurde am 1. April 1864 ausgegeben. Sie trug ein Bild von Wilhelm III., König der Niederlande, und ihr Nennwert betrug zehn Cent. Spätere Briefmarken-designs zeigten weitere ein- oder zweifarbige Porträts der niederländischen Königsfamilie. In dieser Zeit wurden die Briefmarken hauptsächlich von der Firma Joh. Enschedé im niederländischen Haarlem gedruckt. Allerdings gab es auch Briefmarken, die von dem Reproductie drijf Topografische dienst vor Ort in Indonesien produziert wurden. Der frühe Postdienst hieß Post-, Telegraaf- en Telefoondienst. Dies ist Niederländisch für Post-, Telegrafen- und Telefondienst. Dieser indonesische Postdienst wurde 1906 gegründet. Er sollte 49 Jahre lang bestehen. Er wurde weithin einfach nur PTT (das Akronym von Post-, Telegraaf- en Telefoondienst) genannt.

Nach dem Zweiten Weltkrieg wurde das zentrale Postamt in Bandung, im Anschluss an die Unabhängigkeitserklärung des frisch aus der Taufe gehobenen Staates Indonesiens, unter staatliche Kontrolle gestellt. Die in »Indonesische Postverwaltung« umbenannte Post gab im Jahr 1946 ihre erste Briefmarke heraus, die ein Rind und die indonesische Flagge zeigte. Sie wurde in Yogyakarta zweifarbig gedruckt. Im Jahr 1954 wurde der Prozess des Briefmarkendruckens auf die neue lokale Druckerei

Pertjetakan Kebajoran übertragen. Die PTT war zuständig für die Verteilung der Briefmarken an sämtliche Postämter im Land. Die Briefmarken zeigten in dieser Zeit Motive aus den Bereichen Landwirtschaft, Industrie, Sozialfürsorge, ländliche Entwicklung, Politik und Verkehrswesen. Zu den Persönlichkeiten, die auf späteren Briefmarken abgebildet wurden, gehörten Sukarno, der erste Präsident Indonesiens, sowie indonesische Helden wie Abdul Muis, Sultan Hasanuddin, Suryopranoto, Teungku Chik di Tiro, Tuanku Imam Bonjol, Teuku Umar, K. H. Samanhudi, Kapitän Pattimura, K. H. Ahmad Dahlan, Si Singamangaraja XII. und Ki Hajar Dewantara.

Die PTT wurde im Jahr 1961 in ein staatseigenes Unternehmen umgewandelt. Im Jahr 1965 wurde dieses in zwei unabhängige Unternehmen aufgespalten. Das eine konzentrierte sich auf die Telekommunikation, während der Schwerpunkt des anderen auf den Postdiensten lag. Das Postdienstleistungsunternehmen wurde dann im Jahr 1978 restrukturiert und 1995 in Pos Indonesia umbenannt. Die Pos Indonesia betreibt 11 Regionaldirektionen im gesamten Land. Die erste Ziffer der Postleitzahl eines Gebiets gibt an, in welcher Region sich die Anschrift befindet. Die nächsten beiden Ziffern identifizieren die Stadt beziehungsweise die Region. Die vierte Ziffer definiert den Distrikt näher, während die fünfte Ziffer den genauen Ort angibt.

Eine mit 1 beginnende Postleitzahl bezeichnet Jakarta, die Provinzen Banten und West-Java. Eine Postleitzahl, die mit 2 beginnt, bezeichnet einen Zustellort in Aceh, Nord-Sumatra, West-Sumatra, Riau oder auf den Riau-Inseln. Eine 3 bezeichnet einen Zustellort in den Provinzen Bengkulu, Jambi, Bangka-Belitung, Süd-Sumatra oder Lampung. Eine 4 bezeichnet weitere Gebiete in Banten oder West-Java, die von denen abweichen, die mit Einser-Postleitzahlen bezeichnet werden. Eine 5 steht für einen Zustellort in Zentral-Java oder Yogyakarta, und eine 6 bezeichnet Ost-Java. Bis dahin decken sich die Postleitzahlen mehr oder weniger mit den ersten 6 der 11 Regionaldirektionen der Post (Pos Indonesia), aber interessanterweise gehen die Postleitzahlen nur bis zur Zahl 9, obgleich es 11 Regionen gibt. Die Gründe für diese Differenz zwischen den Postleitzahlen und den Regionaldirektionen sind komplex – um sie zu erklären, müssen wir die Organisation der Post eingehender betrachten.

Jedes Postgebiet setzt sich aus 200 oder mehr Untergebieten zusammen. Diese reichen von Innenstädten und Stadtrandbezirken bis zu Kleinstädten und Dörfern auf dem Land. Indonesien umfasst außerdem 17 000 Inseln, die nur mit dem Schiff oder dem Flugzeug erreichbar sind. Insgesamt gibt es in dem Land 3700 Poststellen. Die Tatsache, dass die Zahl der Regionen nicht mit den in den Postleitzahlen verwendeten Ziffern übereinstimmt, hängt unter anderem mit der Größe der Regionalbezirke zusammen.

WIDERLEGUNG EINES
INTERESSANTE-ZAHLEN-THEOREMS

Ein Interessantes-Zahlen-Theorem ist ein interessantes Theorem auf dem Gebiet der Zahlentheorie, die jenes Teilgebiet der Mathematik bezeichnet, das sich mit der Theorie der Zahlen befasst. Das Theorem bedient sich des Verfahrens der *Reductio ad absurdum*. Dies ist der lateinische Begriff für eine Methode, bei der man sich vorstellt, dass etwas wahr ist, um zu beweisen, dass es nicht wahr ist. Mathematiker denken sich gern Dinge aus, die nicht wahr sind. Als sie zum Beispiel so tun mussten, als gäbe es eine Quadratwurzel von –1, stellten sie sich die Zahl i vor. Wenn man i mit sich selbst multipliziert, erhält man als Produkt –1, obwohl es i eigentlich nicht gibt. Um dies zu verdeutlichen, nennen Mathematiker Vielfache von i imaginäre Zahlen. Dies soll sie von den nicht-imaginären Zahlen unterscheiden, die in der materiellen Welt ebenfalls nicht existieren, aber in dieser repräsentiert werden können. Für diese Darstellung greifen Mathematiker oftmals auf die sogenannte Zermelo-Fraenkel-Mengenlehre zurück. Dies ist eine interessante Theorie, die Mengen als Grundlage der gesamten Mathematik behandelt. Eine Menge ist eine Gesamtheit von Dingen. Um was für Dinge es sich dabei handelt, spielt eigentlich keine Rolle. Es können imaginäre oder reale Dinge sein, aber so oder so stellen wir uns vor, dass wir eine Menge von ihnen haben, und die Zahl der Dinge in der Menge entspricht der Zahl, die wir verwenden, um sie zu repräsentieren. Mengen sind also eine Weise, Zahlen zu repräsentieren, die ihrerseits ein repräsentationales Konstrukt sind, mit dessen Hilfe Dinge in der Wirklichkeit gezählt werden. Mengen sind jedoch auch nützlich, um imaginäre Dinge zu zählen. Wenn wir zum Beispiel Null repräsentieren wollen, stellen wir uns eine leere Menge oder das Nichts vor. Eine Menge, die i Dinge enthält, lässt sich nur schwer vorstellen, aber das spielt keine Rolle, weil wir eine Menge mit einem Element konstruieren können, uns dann vorstellen, dass diese Menge von Nichts abgezogen wird, und uns anschließend vorstellen, dass wir die Quadratwurzel von etwas finden, was weniger als nichts ist.

Nachdem wir nun einige interessante Tatsachen über reelle und imaginäre Zahlen und über Möglichkeiten, diese Zahlen mit Hilfe der Zermelo-Fraenkel-Mengentheorie darzustellen, erfahren haben, können wir uns jetzt der nächsten Frage zuwenden: Was ist das Interessante-Zahlen-Theorem? Im Grunde geht es dabei um die Frage, ob einige Zahlen interessanter sind als andere Zahlen. Die Antwort auf diese Frage ist für Mathematiker recht evident. Es ist offensichtlich, dass 341 interessanter ist als 66 beziehungsweise dass 4095 interessanter ist als zum Beispiel 2491. Und 253 ist interessanter als 611. Eine eigentümliche kleine Zahl wie 42 könnte interessanter erscheinen als 97, auch wenn dies natürlich eine etwas strittige Behauptung ist. 1722 ist äußerst interessant, aber 171 ist nicht besonders interessant; sie scheint eine recht langweilige Zahl zu sein, und viele Mathematiker würden dem zustimmen.

Mathematiker stellen sich dann vor, dass jemand als nächstes die Frage stellen würde, ob es Zahlen gibt, die schlechterdings uninteressant sind. Wenn es sie gibt, dann würden wir solche Zahlen langweilig nennen. Dann gäbe es eine Menge langweiliger Zahlen und eine endliche oder unendliche Zahl, die mit dieser Menge assoziiert werden könnte, je nachdem, ob die Menge der langweiligen Zahlen endlich oder unendlich wäre. Für einen Mathematiker ist es offensichtlich, dass die nächste Frage lauten muss: »Was ist die kleinste langweilige Zahl?« Hier ergibt sich nun ein interessantes Problem. Null ist eine Zahl. Wie wir gesehen haben, müssen wir uns, um Null zu repräsentieren, das Nichts vorstellen. Stellen Sie sich einen leeren Raum vor, in dem es keine Objekte gibt. Ist das interessant? Stellen Sie sich einen verschneiten Tag ohne Schneeflocken vor. Stellen Sie sich eine Wüste ohne Sand vor. Stellen Sie sich keine Regentropfen, keinen Himmel, keine Geräusche, gar nichts von irgendetwas vor. Stellen Sie sich eine lange Autobahn vor, die sich über eine große Entfernung erstreckt – ohne Autos, ohne Seitenstreifen, ohne Brücken, ohne Horizont. Stellen Sie sich einen Strand ohne Sand oder Kieselsteine vor. Stellen Sie sich die unermessliche Weite des Weltraums vor – ohne Sterne, ohne Planeten, ohne Kometen, ohne irgendwelche Teilchen. Das ist die leere Menge, die Nullmenge, die Leere, eine imaginäre Repräsentation des Nichts ohne Ende.

WISSENSWERTES ÜBER KANÄLE

- Im Jahr 1816 betrug die Gesamtlänge sämtlicher Kanäle in den Vereinigten Staaten nur 160 Kilometer.

- Der Dessel-Turnhout-Schoten-Kanal, der durch die belgische Provinz Antwerpen führt, ist 63 Kilometer lang.

- Im französischen Kanalsystem ist der Kanal mit der geringsten Brückendurchfahrtshöhe der Canal du Nivernais, den nur Wasserfahrzeuge passieren können, deren Aufbauten weniger als 2,9 Meter über den Wasserspiegel aufragen.

- Als Präsident James Madison im März 1817 sein Veto gegen das US-Bundesverkehrswegegesetz einlegte, verzögerte sich der Bau des Erie Canals, weil zunächst zusätzliche Gelder beschafft werden mussten.

- Im Jahr 1798 wollte Napoleon einen Kanal durch den Isthmus von Suez bauen. Aber dann überlegte er es sich anders.

- Der Royal Canal in Irland wird in einem Gedicht von Brendan Behan erwähnt.

- Die Durchflussrate im Vlakfontein Canal in Südafrika beträgt ungefähr 5,7 Kubikmeter pro Sekunde.

- Der Havel-Kanal ist einer von drei separaten Kanälen, die sowohl ihren Ausgangs- als auch ihren Endpunkt in der Havel haben.

- Qibao ist eine von mehreren bekannten Wasserstädten in unmittelbarer Nähe von Shanghai. Sie hat allerdings keine Kanäle.

- Der Schulz-Kanal in Nundah ist der einzige Kanal in Queensland, Australien.

- Der kürzeste Kanal in England ist der Wardle Lock Branch des Trent and Mersey Canal. Er besteht aus ein paar Metern Kanal zu beiden Seiten einer 22 Meter langen Schleuse.

- Im Jahr 1841 verkehrten 19 Dampfschiffe auf dem Rideau Canal in Kanada.

- Auf der Insel Guadalcanal gibt es keine Kanäle.

- Das Kraftwerk Ohau A auf Neuseeland wird über zwei Kanäle mit Wasser versorgt: zum einen aus dem Lake Pukaki und zum anderen aus dem Lake Ohau.

DIE GESCHICHTE VON KIES

Für einen Geologen ist Kies jedes lockere Gestein, das in seiner längsten Dimension größer als zwei Millimeter misst, aber nicht über 60 Millimeter lang ist. Kies ist einfach Gestein, dessen Maße innerhalb dieses Bereichs liegen. Größere Steine werden nach und nach zu kleineren Steinen erodiert; dies führt zur Entstehung natürlicher Kiesablagerungen. Allerdings lässt sich Kies auch durch mechanische Zerkleinerung von Steinen herstellen. Kies wird auch als Zuschlag für Beton verwendet. Viele Straßen und Wege haben eine Schotterdecke, insbesondere in wenig befahrenen ländlichen Gebieten. Es gibt auf der Welt mehr Straßen mit einer Schotterdecke als mit einer Beton- oder Asphaltdecke. Russland hat mehr als 400 000 Kilometer Straßen mit Schotterdecke. Gesteinskörner, die kleiner als Kies sind, werden geologisch als Sand klassifiziert. Gesteinskörner, die größer als Kies oder Schotter sind, werden in der Geologie als Geröll bezeichnet. Die durch Flüsse und Wellen verursachte Erosion häuft Kies in großen Mengen an. Dies kann dazu führen, dass Kies zu Sedimentgestein verdichtet wird, das Geologen Konglomerat nennen. Steinbrüche, in denen Kies abgebaut wird, heißen Kies- oder Schottergruben.

Es gibt viele verschiedene Typen von Kies. Eine Auswahl: Uferkies, bei dem es sich um auf natürliche Weise entlang von Flüssen und Strömen abgelagerten Kies handelt, der auch Flusskies genannt wird; Terrassenkies, der eine Kiesschicht am Hang eines Tales bezeichnet, die aus einer Zeit stammt, in der der Wasserspiegel des Flusses, der jetzt am

Talboden fließt, höher war; Splitt bzw. Schotter, der aus Kiesel besteht, die zerkleinert und zu einem Gesteinsgemisch verarbeitet werden, das, wenn es als Straßenbelag verwendet wird, manchmal mit Teer überzogen wird; Feinkies, der in seiner längsten Dimension nur zwei bis vier Millimeter groß ist; Blockkies, der eine Oberflächenansammlung von Grobkies ist, der nach der Beseitigung von Feinkies zurückbleibt; und Perl- oder Erbskies, der eine Art Kies ist, der aus kleinen abgerundeten Steinen besteht, die für Betonflächen verwendet werden.

WEISSES RAUSCHEN:
EINE TECHNISCHE ERKLÄRUNG

Weißes Rauschen entsteht, wenn man ein Zufallssignal erzeugt, das aus seriell unkorrelierten Zufallsvariablen besteht und das bei vielen verschiedenen Frequenzen die gleiche Stärke hat. Genau genommen ist die Variable nicht gänzlich zufallsabhängig, da die Bandbreite von dem konkreten physikalischen Mechanismus begrenzt wird, der zur Erzeugung des Rauschens verwendet wird. Der Bereich hörbarer Schallfrequenzen (Hörfrequenzbereich) erstreckt sich von 20 bis 20 000 Hertz. Eine nach dem Zufallsprinzip erzeugte Stichprobe aus Weißem Rauschen in diesem beschränkten Bereich hört sich wie ein Zischen an.

Wir tendieren dazu, in Weißem Rauschen mehr hoch- als niederfrequente Geräusche wahrzunehmen, auch wenn beim Prozess der Generierung zufallsabhängig Geräusche in sämtlichen Frequenzen erzeugt werden. Das ist darauf zurückzuführen, dass jede Oktave doppelt so viele Frequenzen hat wie die nächstniedrige Oktave. Zwischen 100 Hertz und 200 Hertz liegen 100 diskrete Frequenzen. Die nächste Oktave, von 200 bis 400 Hertz, enthält doppelt so viele Frequenzen. Die sich daran anschließende Oktave enthält 400 diskrete Frequenzen. Die darauf folgende Oktave umfasst 800 Frequenzen und so weiter. Um dieses Problem zu bekämpfen, kann man stattdessen Rosa Rauschen erzeugen, bei dem einige der höheren Frequenzen gedämpft werden, um ein Rauschen zu erzeugen, das über das gesamte Frequenzspektrum konsistenter ist.

Es ist wichtig zu verstehen, wie die Zufallsvariablen, die die Frequenzen definieren, mit denen Rauschen erzeugt wird, hergeleitet werden. Manchmal wird fälschlicherweise behauptet, Weißes Rauschen sei das Gleiche wie Gaußsches Rauschen. Gaußsches Rauschen besteht in ganz ähnlicher Weise wie Weißes Rauschen aus einem Zufallssignal. Allerdings folgt Gaußsches Rauschen, wie der Name schon sagt, der statistischen Normalverteilung (die auch Gaußsche Verteilung oder Glockenkurve genannt wird). Gaußsches Rauschen hört sich so ähnlich an wie Weißes Rauschen, aber die beiden sind nicht unbedingt identisch. Die zufallsabhängige Erzeugung der Frequenzen beim gewöhnlichen Weißen Rauschen muss nicht der Normalverteilung folgen.

Jeder gegebene Zufallsvektor, also ein Prozess, der Vektoren von reellen Zahlen gemäß einem nicht vollständig determinierten Prozess erzeugt, lässt sich als Weißes Rauschen beschreiben, wenn er eine Wahrscheinlichkeitsverteilung ohne Erwartungswert, eine endliche Varianz und statistisch nicht miteinander korrelierte Komponenten aufweist. Komponenten sind dann statistisch nicht miteinander korreliert, wenn sie eine Kovarianz von Null haben. (Die Kovarianz ist ein statistisches Maß dafür, wie korreliert die Varianz zweier Variablen ist, mit anderen Worten, wie stark die Varianz der Variablen variiert. Je höher die Varianz der Variablen korreliert ist, umso positiver ist der Kovarianzwert. Zwei Variablen mit negativer Kovarianz sind Variablen, die tendenziell in entgegengesetzte Richtungen variieren.) Die Variablen, aus denen sich echtes Weißes Rauschen zusammensetzt, sollten weder eine positive noch eine negative Kovarianz zeigen. Die Varianz der Variablen sollte nicht variieren, und sie sollten eine Kovarianz von Null haben.

Wenn man Gaußsches Weißes Rauschen – und nicht irgendeine andere Art von Weißem Rauschen – erzeugen will, dann müsste auch jede der Variablen eine Normalverteilung sowie einen Erwartungswert von Null haben. Außerdem müsste jede der Variablen genau die gleiche Varianz besitzen. Beachten Sie, dass es auch möglich ist, Weißes Rauschen mit verschiedenen Typen statistischer Verteilungen zu erzeugen. So kann man zum Beispiel eine Poisson-Verteilung oder eine Cauchy-Verteilung anwenden.

Einige Menschen nutzen Weißes Rauschen, um besser schlafen zu können. Wissenschaftler behaupten, dass man nachts nicht von Geräuschen an sich geweckt wird, sondern von Frequenzänderungen. Da Weißes Rauschen aus kontinuierlichem Rauschen in jeder Frequenz besteht, ergibt ein zusätzliches Geräusch, welches zu dem Weißen Rauschen dazukommt, keine bestimmte Frequenzänderung. Ein gleichbleibender Hintergrund aus Weißem Rauschen dämpft mithin sämtliche Störgeräusche und fördert ein stabileres Schlafniveau, mit weniger Varianz und weniger Variabilität in der Konsistenz.

EIN WELTALMANACH DER KIEFERNZAPFEN

Couter-Kiefer,
sehr schwer

Höcker-Kiefer,
härtester Zapfen
der Welt

Jeffrey-Kiefer,
nicht dornig

10 cm

15 cm

Zucker-Kiefer,
längster Zapfen
der Welt

Ponderosa-Kiefer,
dornig

Küsten-Kiefer,
sehr klein

60 cm

5 cm

Colorado-Pinyon-
Kiefer, sehr wohl-
schmeckend

Biegsame Kiefer,
sehr dick

Stechkiefer,
sehr hart

18 cm

EINIGE UNBEDEUTENDE EUROPÄISCHE POLITIKER UND POLITIKERINNEN

- In der belgischen Regierung von 2014 war Theo Francken Staatssekretär für Verwaltungsvereinfachung.

- In der im Jahr 2000 gewählten siebten Regierung der Republik Kroatien war Şeljko Pecek Minister für Handwerk und mittelständische Wirtschaft.

- In der irischen Regierung von 1993–94 sowie von 1994–97 war Niamh Bhreathnach Bildungsministerin.

- In der weißrussischen Regierung von 2016 war Gennady Bolbatovsky Leiter einer nachgeordneten Behörde mit dem Namen »Bundeszentrale für die Behandlung in Sanatorien und Heilbädern«.

- In dem rumänischen Kabinett von 1867–68 gab es zwei Innenminister: Žtefan Golescu und Ion C. Brătianu.

- In Deutschland war zwischen 1982 und 1992 Christian Schwarz-Schilling deutscher Bundesminister für das Post- und Fernmeldewesen.

- In der Regierung der Republik Abchasien wurde Nerses Nersesyan im Jahr 2005 zum Minister für Normen, Messwesen und Zertifizierung ernannt.

- In der Regierung, die im Jahr 2007 in der Tschechischen Republik gebildet wurde, gab es zwei Minister ohne Geschäftsbereich, die den gleichen Familiennamen hatten: Cyril Svoboda und Pavel Svoboda.

- In dem Kabinett von Montenegro bekleidete Suzana Pribilović im Jahr 2016 das Amt der Ministerin für Öffentliche Verwaltung.

- In Estland war Andrus Ansips drittes Kabinett (das im Jahr 2005 gebildet wurde) eine Koalition zwischen der Estnischen Reformpartei und der Pro-Patria- und Res-Publica-Union. Der Minister für Regionale Angelegenheiten war Siim-Valmar Kiisler.

- In der finnischen Regierung von 2015 bekleidete Anne Berner das Ministerium für Verkehr und Kommunikation.

- In der schwedischen Regierung von 1996 hatte Leif Pagrotsky zwei Geschäftsbereiche: Er versah sowohl das Amt des Ministers für Nordeuropäische Kooperation als auch das des Ministers für Außenhandel.

- In Frankreich wurde im Jahr 2007 das Ministerium für Haushalt, öffentliche Konten und Zivilverwaltung geschaffen. Der erste Minister war Eric Woerth.

NEBEL UND DUNST: EINE NATURWISSENSCHAFTLICHE ERKLÄRUNG

Wenn Sie sich je gefragt haben sollten, wie es ist, sich in einer Wolke zu befinden, dann sind Nebel und Dunst die natürlichen Phänomene, die in unserer alltäglichen Erfahrungswelt einer Wolke am nächsten kommen. Nebel entsteht auf genau dieselbe Weise wie Wolken – als eine Masse von Wassertröpfchen oder Eiskristallen, die in der Luft schweben. Der wichtigste Unterschied zwischen Nebel und Wolken besteht darin, dass Nebel in Bodennähe vorkommt und seine Entstehung im Allgemeinen bestimmten Boden- und Windverhältnissen in der unmittelbaren Umgebung, Wasserflächen oder feuchtem Boden, verdankt. Nebel und Dunst unterscheiden sich nur im Hinblick auf die Dichte der Wassertröpfchen in der Luft – die meisten Versuche, zwischen ihnen zu unterscheiden, stützen sich auf die Sichtweite.

Wie Wolken entsteht auch Nebel, wenn Wassertröpfchen an winzigen Partikeln in der Luft kondensieren. Aus diesem Grund ist der Nebel in Industriegebieten mit starker Luftverschmutzung oftmals dichter – weil die Luft hier mehr Partikel enthält, die als Kondensationskerne fungieren können. Sobald die Wassertröpfchen kondensieren, bleiben sie in der Luft verteilt. Nebel ist ein Kolloid, also ein Gemisch, in diesem Fall aus Gas und Flüssigkeit, in dem die feinverteilte Substanz dichter ist als in einer Lösung, aber nicht so dicht wie in einer Suspension.

Verschiedene Arten von Nebel werden nach den verschiedenen Weisen benannt, wie Luft hinreichend mit Wasserdampf gesättigt werden und hinreichend abkühlen kann, damit eine Kondensation stattfindet. Strahlungsnebel bildet sich vor allem im Herbst und im Winter, wenn der Boden während der Nacht aufgrund von Wärmeabstrahlung abkühlt, was besonders dann geschieht, wenn der Himmel relativ wolkenlos ist. Dies führt zur Kondensation in der unmittelbar über dem Boden liegenden Luftschicht und, bei Windstille, zu einer dünnen Nebelschicht, die sich bald nach Sonnenaufgang auflöst. In dieser Form wird auch von Strahlungsnebel gesprochen. Allerdings kann der Nebel durch turbulente Winde zu einer dickeren Schicht aufgewirbelt werden, die sich in Höhenlagen oder in Gebieten, die von Anhöhen umgeben sind, unter Umständen viel länger hält. Advektionsnebel wird durch feuchte Luft verursacht, die von Winden über kühle Oberflächen geweht wird, was zur Kondensation und folglich zum Entstehen von Wolkentröpfchen führt. Er tritt am häufigsten über schneebedeckten oder vereisten Landstrichen oder kühlen Meeresgebieten auf. Orographischer Nebel entsteht, wenn eine Luftmasse über einen Hang hinauf strömt; der Nebel bildet sich dann tendenziell höher hangaufwärts und nicht am Fuß des Hangs. Allerdings kann der hangaufwärts gebildete Nebel nach und nach wieder den Hang hinunter, in niedriger liegende Gebiete gleiten. Je nachdem, ob man in ihm oder unterhalb von ihm steht, gleicht er einer Wolke oder Nebel. Der Nebel, der hangabwärts in ein Tal strömt, wird Talnebel genannt. Dampfnebel wiederum bildet sich, wenn sich Wasserdampf mit kalter Luft vermischt und der Dampf zu Nebel kondensiert. Sie können dies beobachten, wenn Nebelfähnchen, die an Dampf erinnern, von der Oberfläche eines Sees oder Meeres aufsteigen. Dies geschieht am ehesten, wenn das Wasser warm und die Luft kalt ist. Der Nebel steigt auf und wird immer dichter, was zu verminderter Sichtweite und Feuchtigkeit führt. Frontalnebel ist eine Nebelart, die in Frontalzonen und in Gebieten von Frontdurchgängen auftritt. Es gibt drei Typen von Frontalnebel: präfrontaler Warmfront-Nebel, postfrontaler Kaltfrontnebel und Frontdurchgangsnebel. Die ersten beiden Typen, präfrontaler und postfrontaler Nebel, werden durch Regen, der in kalter Luft fällt, verursacht; dies hat zur Folge, dass der Taupunkt ansteigt. Frontaldurchgangsnebel entsteht auch in einer Reihe weiterer Situationen, in denen sich feuchtkalte Luftmassen bei verschiedenen Temperaturen mit anderen Luftmassen vermischen. Sehen Sie aus dem Fenster. Stellen Sie sich vor, dass sich in der Umgebung allmählich Nebel bildet, der vom Boden aufsteigt, zunächst nur den Boden verschleiert und dann einen immer größeren Teil der Landschaft um Sie herum. Der Dunst verdichtet sich nach und nach und wird zu dichtem Nebel. Alles, was Sie sehen können, verschwindet allmählich, löst sich in nichts auf. Hier ist nichts mehr zu sehen.

DIE TAXONOMIE DER KLEINSCHMETTERLINGE

Die Microlepidoptera (Kleinschmetterlinge) sind eine nicht-monophyletische Bündelung von Nachtfalterfamilien. Da es sich um eine nicht-monophyletische Gruppe handelt, verwenden Kleinschmetterlingsfans im Allgemeinen die geringe Körpergröße als ein Identifikationsmerkmal für Kleinschmetterlinge. Dabei werden Nachtfalter mit einer Flügelspannweite von weniger als 20 mm als Kleinschmetterlinge klassifiziert. Da sie sehr klein sind, sind sie manchmal nur schwer anhand äußerer, phänotypischer Merkmale zu identifizieren. Einige sind sogar so klein, dass sie schwer zu entdecken sind.

Bemühungen, den Begriff »Kleinschmetterling« exakter zu definieren, haben sich als unzulänglich erwiesen, sodass die Kontroverse über die Frage, welche Gruppen von Nachtfaltern zu den Kleinschmetterlingen und welche zu den Großschmetterlingen gezählt werden sollten, fortbesteht.

Im Allgemeinen werden dreißig Hauptgruppen zu den Kleinschmetterlingen gezählt. Dazu gehören die Gelechioidea (einschließlich der Gelechiidae, Oecophoridae, Lecithoceridae, Cosmopterigidae, Coleophoridae, Elachistidae, Momphidae, Ethmiidae, Blastobasidae und einiger weiterer Unterfamilien), die Pyraloidea (einschließlich der Pyralidae und Crambidae), die Tortricidae, die Tineoidea (mit den Tineidae, Eriocottidae, Acrolophidae, Arrhenophanidae, Psychidae – auch Echte Sackträger genannt – und Lypusidae), die Gracillarioidea, die Nepticuloidea, die Yponomeutoidea (mit den Yponomeutidae, Acrolepiidae, Ypsolophidae und Plutellidae) und zahlreiche weitere Gruppen.

Einige der Gruppen, die wir noch nicht erwähnt haben, weisen besondere Merkmale auf. Zu den Nachtfaltertypen, die zu den Kleinschmetterlingen gezählt werden, gehören die Rundstirnfalter, die Sonnenmotten, die Schlangenminiermotten, die Federmotten, die Federgeistchen, die tropischen Fensterfleckchen, die tagaktiven Nachtfalter, die Langhornmotten, die Rundstirnmotten, die Urmotten, die Trugmotten und die Dalceridae.

WIRTSCHAFTSSTATISTIKEN AUS DEN ERSTEN BEIDEN FÜNFJAHRESPLÄNEN IN DER SOWJETUNION

- Zwischen 1929 und 1933 nahm die Anbaufläche für Getreide um weniger als 6 Prozent zu, während die Anbaufläche für Gemüse und Melonen um etwa 13 Prozent wuchs.

- Im Jahr 1932 verfügten die staatlichen und kollektivierten landwirtschaftlichen Betriebe über insgesamt 78,4 Millionen Hektar an landwirtschaftlicher Nutzfläche, während private kleinbäuerliche Betriebe 21,3 Millionen Hektar Grund bewirtschafteten. Im Jahr darauf besaßen staatliche und kollektivierte landwirtschaftliche Betriebe dann 85,8 Millionen Hektar an Anbauflächen, während private kleinbäuerliche Betriebe nur noch 15,7 Millionen Hektar bestellten.

- Während des zweiten Fünfjahresplans, im Jahr 1933, gab es 50,2 Millionen Schafe und Ziegen, während es im Jahr 1934 bereits 51,9 Millionen waren. Im selben Zeitraum ging die Zahl der Pferde von 16,6 auf 15,7 Millionen zurück.

- Die Gesamtzahl der Traktoren in der Sowjetunion stieg von 148 500 im Jahr 1932 auf 204 100 im Jahr 1933 an.

- Das Gesamtvolumen der Industrieproduktion belief sich 1929 auf 194,3 Prozent des Vorkriegsniveaus im Jahr 1913.

- Die gesamte privatwirtschaftliche Industrieproduktion im Jahr 1933, ausgedrückt in Rubel auf dem Preisniveau von 1926–27, belief sich auf 28 Millionen. Im Jahr 1937 betrug sie ebenfalls 28 Millionen.

- Die Bruttoproduktion von Konsumgütern im Jahr 1931 belief sich auf 15,1 Millionen Rubel.

- Die Erdölförderung betrug im Jahr 1929 1,8 Prozent der gesamten Wirtschaftsleistung, aber 1933 nur 1,4 Prozent.

- Die Zahl staatlicher und genossenschaftlicher Einzelhandelsgeschäfte und Marktstände betrug 1934 zum Jahresende 286 236. Bis 1936 stieg diese Zahl auf 289 437 an.

- Zwischen 1936 und 1937 stieg die beförderte Frachtmenge um 31,4 Millionen: von 323,4 auf 354,8 Millionen Tonnen. Im selben Zeitraum sank das Transportaufkommen der Binnenschifffahrt jedoch um 2,2 Millionen: von 72,3 auf 70,1 Millionen Tonnen.

- Der Buchbestand öffentlicher Bibliotheken stieg zwischen 1933–34 und 1938–39 um 47,2 Prozent.

BROWNSCHE BEWEGUNG
VON STAUBTEILCHEN

Stellen Sie sich Staubteilchen vor, die im Licht eines Sonnenstrahls tanzen. Der römische Denker Lukrez beobachtete dieses Phänomen und behauptete, die Teilchen würden sich aufgrund der Kollisionen von Millionen winziger Atome in dieser Weise bewegen. Aber niemand wusste damals, was Atome waren, nur, dass alle Materie in immer kleinere Teile zerlegt werden konnte und dass man das kleinste Stück, in das etwas zerteilt werden kann, Atom nannte. Diese Erkenntnis ging auf ältere griechische und indische Philosophen zurück. So behaupteten etwa Leukipp und Demokrit, die Welt bestehe entweder aus Atomen oder aus leerem Raum. Dagegen behauptete Heraklit, alles, was existiere, unterliege dem Wandel. Dem widersprach jedoch Parmenides, der erklärte, jeglicher Wandel sei bloße Illusion. Er bestritt, dass es so etwas wie Bewegung oder Wandel überhaupt gebe. Parmenides behauptete zudem, dass es so etwas wie das Nichts nicht gebe, denn wenn es das Nichts gebe, dann sei es nicht nichts, was bedeute, dass es nicht das Nichts sei. Andere Zeitgenossen behaupteten, jeglicher Schein sei nichts beziehungsweise jeder leere Raum sei etwas, oder auch, dass etwas entweder immer anwesend oder niemals abwesend und daher niemals nichts sei; ihre Namen sind aber größtenteils in Vergessenheit geraten.

Die Bewegung von Staubteilchen in der Luft hat viele Parallelen in anderen beobachtbaren Phänomenen. Im Jahr 1785 beschrieb Jan Ingenhousz die unregelmäßige Bewegung von Kohlenstaubteilchen auf der Oberfläche von

Alkohol. Im Jahr 1827 beschrieb Robert Brown diese Art von Bewegung bei Pollenkörnern im Wasser. Seine Beobachtung führte dazu, dass diese Aktivität Brownsche Bewegung genannt wurde. Die Brownsche Bewegung lässt sich auch bei der Diffusion eines Farbstoffs in einer Flüssigkeit oder bei Kolloidteilchen unter verschiedenen Experimentalbedingungen beobachten. Zum Verständnis der Brownschen Bewegung stellt man sich am besten ein winziges Teilchen eines beliebigen Etwas in einer Flüssigkeit oder einem Gas vor. Wenn man versucht, auf dieses winzige Teilchen zu fokussieren, bemerkt man, dass es wahllos in verschiedene Richtungen saust. Ganz gleich, wie konzentriert man auch auf dieses winzige Teilchen starren mag, man kann nicht vorhersagen, in welche Richtung es als Nächstes flitzen wird.

Die Brownsche Bewegung lässt sich am besten als ein stochastischer Prozess beschreiben. Dies bedeutet im Wesentlichen, dass es sich um eine Anhäufung von winzigen Zufallsereignissen handelt. Jedes Ereignis lässt sich mit Hilfe eines probabilistischen Modells vorhersagen. Das winzige Teilchen, das wir mit angestrengten Augen beobachten, bewegt sich in einer probabilistischen Weise. Man kann eine solche Bewegung mit Hilfe eines Wiener-Prozesses, der ein zeitstetiger stochastischer Prozess ist, modellieren. Dieser wiederum ist ein Typ von Lévy-Prozess (ein stochastischer Prozess mit stationären, unabhängigen Zuwächsen). Wenn wir einen stochastischen Prozess in dieser Weise modellieren, erzeugen wir eine Repräsentation der Bewegung eines winzigen Teilchens, dessen repetitive Zufallsbewegungen nicht vorhersagbar sind. Selbstverständlich hält uns die Nichtvorhersagbarkeit nicht davon ab, ein probabilistisches Modell zu entwerfen, solange wir uns darüber im klaren sind, dass es sich um eine rein stochastische Modellierung handelt.

Wenn wir die Brownsche Bewegung winziger Teilchen im Sonnenlicht (oder in einer Flüssigkeit, oder einem gasförmigen Stoff) mathematisch modellieren, kann es nützlich sein, auf das Konzept einer Brownschen Brücke zurückzugreifen (die ein zeitstetiger stochastischer Prozess mit einer Wahrscheinlichkeitsverteilung ist, die aus einem Wiener-Prozess abgeleitet werden kann). Wir können diese Methode der Modellierung auch durch Tests wie den Kolmogorow-Smirnow-Test, der ein nicht-parametrischer Test der relativen Werte eindimensionaler Wahrscheinlichkeitsverteilungen ist, die nicht nicht-stetig, sondern stetig sind, und den Satz von Gliwenko-Cantelli ergänzen, der das asymptotische Verhalten der empirischen Verteilungsfunktion beschreibt. Doch bevor wir zu der Frage zurückkehren, wie sich abschätzen lässt, welchen Weg ein winziges Teilchen als Nächstes nehmen wird, müssen wir die Frage, wie sich die Brownsche Bewegung zur Gauß-Verteilung verhält, genauer ergründen und in einem weiteren Exkurs das Thema der präsokratischen Atomisten und ihrer Gegenspieler, im Hinblick auf ihre  Begriffe von Wandel, Bewegung, Etwas, Nichts und den Leeren Raum vertiefen.

WIE FARBE TROCKNET:
EINE TECHNISCHE ERKLÄRUNG

Bevor wir den Trocknungsprozess einer Anstrichfarbe beschreiben können, müssen wir uns zunächst einmal eingehend mit der chemischen Zusammensetzung der durchschnittlichen Anstrichfarbe beschäftigen. Diese besteht hauptsächlich aus Pigmenten, die der Farbe ihren Farbton und ihre Deckkraft verleihen, sowie einer Art von Bindemittel oder Harz, worunter wir ein Polymer verstehen, das die chemische Struktur schafft, die das Pigment enthält. Außerdem benötigt die Farbe ein Streckmittel, das einige größere Pigmentteilchen zuführt, die das Gemisch festigen und den Bedarf an Bindemitteln verringern, sowie ein organisches Lösungsmittel oder Wasser, das die Farbe weniger zähflüssig macht, und eine Reihe weiterer Zusatzstoffe. Zu diesen Zusatzstoffen zählen Dispersionsmittel, die den Pigmentteilchen eine wohlgeordnete Struktur verleihen, Silikone, um die chemische Zusammensetzung robuster zu machen, Thixotropiermittel, die die Textur der Farbe modifizieren, sobald diese mit einem Pinsel aufgetragen wird, Antiabsetzmittel und Stoffe wie Bakterizide, Fungizide oder Algaezide. Zu den Zusatzstoffen können auch Trockenstoffe (Sikkative) gehören, die beeinflussen, wie lange es dauert, bis eine Farbe getrocknet ist.

Es gibt verschiedene Faktoren, die verschiedene Farbensorten betreffen. Betrachten wir zunächst das Trocknen einer Dispersionsfarbe (Farbe auf Wasserbasis). Dieses geschieht im wesentlichen in zwei Phasen: Verdunstung und Koaleszenz. Verdunstung bedeutet, dass Wassermoleküle aus dem Gemisch allmählich gemeinsam mit anderen leichtflüchtigen Flüssigkeiten, die in der Farbe enthalten sind, verdunsten. Solange die Farbe feucht ist, verdunsten einige dieser Flüssigkeiten schneller als andere, sodass sich das verbleibende Farbgemisch in einem fortwährenden Prozess des Wandels befindet, in dem zuerst der Anteil von Wasser und dann anderer flüchtiger Flüssigkeiten, mit einer konstanten oder nicht-konstanten Rate sinkt. Nach der Verdunstungsphase des Trocknungsprozesses beginnt die Koaleszenz-Phase, in der sich die einzelnen Teilchen des Polymer-Bindemittels, das, wie wir bereits gehört haben, ein chemischer Bestandteil der Farbe ist, zu einem festen Film beziehungsweise einer festen Schicht verbinden.

WIE VIELE ERBSEN ENTHÄLT EINE SCHOTE?

- Wie viele Erbsen eine Erbsenschote enthält, hängt natürlich von der Erbsensorte ab, doch im Durchschnitt enthält eine Schote sechs bis sieben Erbsen.

- Untypische Erbsenschoten können zwischen zwei und zwanzig Erbsen enthalten.

- Eine drei Meter lange Feldreihe von grünen Erbsen sollte, je nach Wetter, Boden, ausgewählter Sorte und Häufigkeit der Ernte, einen Ertrag von über 90 Kilogramm Erbsenschoten abwerfen.

- Zur Maximierung des Ertrags sollten Erbsen alle drei bis vier Tage gepflückt werden.

- Wenn die Reifung einer Schote so weit vorangeschritten ist, dass sich die Erbsen als Samen verwenden lassen, stirbt die Pflanze ab, daher müssen die Erbsen gepflückt werden, bevor sie reif sind.

- Die Aussaat kann stattfinden, sobald der Boden eine Temperatur von 10 Grad Celsius erreicht, aber die Pflanzen gedeihen am besten bei Temperaturen zwischen 14 und 18 Grad Celsius, sodass dies die beste Temperatur ist, um die Anzahl der Erbsen in einer Schote zu maximieren.

- Die grüne Erbse, die wir am häufigsten verzehren, ist der Samen der Hülsenfrucht *Pisum sativum*.

- Erbsenschoten sind, wissenschaftlich gesehen, Früchte, weil sie Samenbehälter sind und sich aus dem Fruchtknoten einer Erbsenblüte entwickeln.

- Die durchschnittliche Erbse wiegt zwischen einem Zehntel und einem Drittel eines Gramms.

- Erbsen haben sowohl niedrigwüchsige als auch rankende Sorten, aber die Höhe einer Ranke beeinflusst nicht die Anzahl der Erbsen in der Schote.

- Erbsenpflanzen sind selbstbefruchtend, das heißt, sie bestäuben sich selbst.

- Die ältesten archäologischen Funde, die Hinweise auf den Verzehr von Erbsen liefern, stammen aus der Jungsteinzeit und aus Regionen, die heute zu Griechenland, Syrien und Ägypten gehören. Damals wurden ganz ähnliche Erbsensorten wie heute verzehrt, die ähnlich viele Erbsen pro Schote enthielten.

- Schon im 5. Jahrtausend v. Chr. wurden Erbsen in Georgien angebaut.

- Es gibt Anhaltspunkte für den Erbsenanbau in Afghanistan (2000 v. Chr.) und in Pakistan und Indien (2250–1750 v. Chr.).

EINE GESCHICHTE DER KERAMIK

Die Töpferei ist eine der ältesten menschlichen Erfindungen. Keramiken wurden bereits in der Altsteinzeit hergestellt. Gravettien-Figurinen wie diejenigen, die in Dolní Věstonice in der Tschechischen Republik ausgegraben wurden, darunter auch die berühmte Venus von Dolní Věstonice, eine Statuette einer nackten Frau, sind möglicherweise bis zu 29 300 Jahre alt.

Die ältesten Keramikgefäße wurden vor annähernd 18 000 Jahren hergestellt. Sie wurden in einer Höhle in China gefunden und dienten sehr wahrscheinlich zum Kochen. In einer anderen Höhle in China wurden rund 16 000 Jahre alte Keramikgefäße ausgegraben. Gefäße, die im Becken des Flusses Amur in Russland gefunden wurden, sind etwa 2000 Jahre jünger. Bei Ausgrabungen in einer Fundstätte in Japan im Jahr 1998 kamen Steingutscherben zum Vorschein, die möglicherweise 14 500 bis 14 750 Jahre alt sind, sodass sie in die sogenannte Jōmon-Zeit fallen. Jōmon bedeutet im Japanischen »mit Schnurverzierung«. Dies geht auf die Tatsache zurück, dass während des Herstellungsprozesses mit Hilfe von Stäbchen und Schnüren Verzierungen an den Gefäßen angebracht wurden. In Afrika ist die Herstellung von Keramiken für das 10. Jahrtausend v. Chr. nachgewiesen; dort gefundene Tonwaren wurden auf mindestens 9400 v. Chr. datiert. In Südamerika wurden Keramiken gefunden, die ungefähr aus der gleichen Zeit stammen. Auch in Ostasien wurden Tonwaren aus dieser Zeit gefunden.

Frühe Keramiken wurden in offenen Feuern hergestellt,

in denen der Ton bei relativ niedrigen Temperaturen gebrannt werden konnte. Die Gegenstände, die aus Ton hergestellt wurden, wurden von Hand geformt und damals noch nicht glasiert oder verziert. Es wurde eine relativ kurze Brennzeit verwendet, in der die Temperaturen im Feuer mit bis zu 800 oder 900 Grad Celsius verhältnismäßig hoch sein konnten. Frühe Töpfer verarbeiteten Ton, der für sie leicht in ihrer Region zugänglich war. Gewöhnlicher roter Ton war ein gängiges Rohmaterial für Keramiken in dieser frühen Epoche. Doch hatte roter Ton den Nachteil, dass er nach dem Brennen durchlässig für Flüssigkeiten war. In der Regel wurden frühe Keramiken mit gerundeten Böden angefertigt, weil die Keramiken zerbrechlicher waren als moderne Tonwaren, und es war wichtig, scharfe Kanten zu vermeiden. Gefäße wurden durch eine Kombination der aufbauenden Wulsttechnik und dem regelmäßigen Quetschen des Tons hergestellt. Die ersten echten Töpferöfen waren Gruben- oder Erdöfen, die ausgehobene Erdlöcher waren, in denen ein Feuer gemacht werden konnte.

Erd- beziehungsweise Grubenöfen waren besser gegen Wind geschützt, sodass sich in ihnen leichter durchgehend hohe Temperaturen aufrechterhalten ließen. Die nächste Innovation war die Töpferscheibe, die vermutlich zwischen 6500 und 4100 v. Chr. in Mesopotamien erfunden wurde. In dieser historischen Epoche wurde die Töpferei zu einem Heimgewerbe, in dem ein Töpfer oder eine Gruppe von Töpfern Tonwaren für den Verkauf oder für den Tauschhandel herstellten. Im selben Maße, in dem Töpfer ihr Handwerk immer besser beherrschten, wurden immer mehr verschiedene Typen von Tonwaren erhältlich. Es wurden Gefäße hergestellt, die der Aufbewahrung und

dem Transport von Dingen, der Zubereitung und dem An-
richten von Speisen und als Dekoration dienten.

Das Verfahren der Glasierung wurde wahrscheinlich irgendwann zwischen dem 13. und 15. Jahrhundert v. Chr.
erstmals in China angewandt. Es war erst dann möglich,
Gefäße zu glasieren, als Töpfer Ofen nutzten, die höhere
Temperaturen erreichten. Die Kunst der Verzierung von
Tonwaren hat sich seither stetig weiterentwickelt, so wie
auch eine breite Palette von Glasuren und anderen Formen
der Verzierung allgemein in Gebrauch kam. Frühe minoi-
sche Keramik zum Beispiel benutzte komplexe gemalte
Formen der Verzierung, die sich einer Vielzahl von Moti-
ven aus der Natur und anderen Bereichen bedienten. Porzellan wurde erstmals während der Tang-Dynastie in China
(618–907 n. Chr.) hergestellt. Anschließend wurde Porzellan auch in Korea produziert, und es gibt Objekte, die aus
dem Japan des späten 16. Jahrhunderts stammen. Alle
diese Länder verfügten über ein Vorkommen an Kaolin,
einem Hauptbestandteil von Porzellan. Erst im 18. Jahrhundert wurde Porzellan erstmals außerhalb von Ostasien
hergestellt.

VERGLEICH DER STARTBAHNLÄNGEN VON FLUGHÄFEN

Es gibt eine Reihe von Faktoren, die sich auf die Länge von Start- und Landebahnen auswirken. Größere Flugzeuge benötigen längere Startbahnen, da sie mehr Zeit brauchen, um die Geschwindigkeit von 240 bis 290 km/h zu erreichen, die für das Abheben notwendig ist. Auch das Startgewicht und die Schubkraft der Flugzeugtriebwerke spielen eine Rolle. In großer Höhe und bei hohen Temperaturen wird der Start durch den niedrigen Luftdruck erschwert, sodass längere Startbahnen erforderlich sind. Der niedrige Luftdruck wirkt sich auch auf die Schubkraft aus, die die Triebwerke erzeugen können.

Einige der weltweit längsten Start- und Landebahnen befinden sich in China und Russland. Der Flughafen Qamdo-Bamda und der Friedensflughafen Xigazê in China sowie der Flughafen Moskau-Schukowski und der Flughafen Uljanowsk-Wostotschny in Russland haben Start- und Landebahnen, die 5000 Meter und mehr messen.

Zu den Flughäfen, die Start- und Landebahnen mit Längen zwischen 4500 und 5000 Metern haben, zählen der Flughafen Embraer Unidade Gavião Peixoto in Brasilien, der Upington Airport in Südafrika, der Hamad International Airport in Katar, der Flughafen Madrid-Torrejón in Spanien, der Erbil International Airport im Irak, der Bole International Airport in Äthiopien, der N'djili Airport in der Demokratischen Republik Kongo und der Hosea Kutako International Airport bei Windhoek in Namibia.

Allein der Iran hat zehn Flughäfen mit Start- und Landebahnen zwischen 4000 und 4500 Meter Länge. Dazu zählen der Bushehr Airport, der Isfahan International Airport, der Shiraz International Airport, der Militärflugplatz Hamadan, der Zahedan Airport, der Qeshm International Airport bei Dayrestan, der Flughafen Teheran-Imam Khomeini, der Luftwaffenstützpunkt Omidiyeh, der Shahid Sadooghi Airport und der Mehrabad Airport in Teheran. Im gleichen Längenbereich – zwischen 4000 und 4500 Metern – liegen ein Flughafen in Burma, einer in Kanada, zwei in China, einer in Ecuador, einer in Frankreich, vier in Indien und jeweils einer in Indonesien, Israel, Kenia, Kirgisistan, Libyen, Malaysia, Mexiko, Marokko, Peru und Somalia, zwei in Saudi-Arabien, einer in Südafrika, drei in den Vereinigten Arabischen Emiraten und über zwanzig in den USA.

Das entgegengesetzte Extrem betrifft einige Start- und Landebahnen, die gerade einmal 400 Meter »kurz« sind. Der Matekane Air Strip in Lesotho zum Beispiel misst exakt 400 Meter. Auf den Out Skerries – einer Inselgruppe im Osten der Shetlandinseln – gibt es eine nur 364 Meter lange Start- und Landebahn. Auf den schottischen Inseln finden sich zahlreiche weitere kurze Start- und Landebahnen, so haben Papa Westray, Fair Isle und Stronsay Start- und Landebahnen, die kürzer als 550 Meter sind. Auch der Juancho E. Yrausquin Airport auf der Karibik-Insel Saba hat eine kurze Start- und Landebahn von nur 400 Meter Länge. Einige der Flughäfen mit Start- und Landebahnen, die zwischen 500 und 1000 Meter lang sind, sind der Flughafen auf der französischen Insel Miquelon, der Cametá Airport in Brasilien, der Nuuk Airport auf Grönland, der Kerema Airport auf Papua-Neuguinea, der Kilkenny Airport in Irland, der Canefield Airport auf Dominica, der Flughafen Portimão in Portugal, der Land's End Airport in England, der Castlebar Airport in Irland, der Nieuw Nickerie Airport in Suriname, der Wexford County Airport in Michigan, der Baillif Airport in Basse Terre auf Guadeloupe, der Anatom Airport in Vanuatu, der Isles of Scilly Airport in Großbritannien, der Yasawa Island Airport in Fidschi und der Flugplatz Courchevel in Frankreich.

Es ist wichtig, nicht nur die Länge der Start- und Landebahn eines Flughafens, sondern auch ihre Ausrichtung zu kennen. Zu diesem Zweck werden Start- und Landebahnen mit einer Zahl zwischen 01 und 36 bezeichnet, die das magnetische Azimut der Bahn (ihre Ausrichtung gemäß der Kompassrose) angibt. Eine Bahn mit der Kennzeichnung 09 zeigt also nach Osten (90°), eine Bahn mit der Kennzeichnung 18 zeigt nach Süden (180°), eine mit der Zahl 27 markierte Bahn zeigt nach Westen (270°) und eine Bahn mit der Kennzeichnung 36 weist nach Norden (360°). Wenn ein Flugzeug auf der Bahn 09 landet beziehungsweise von dort startet, bewegt es sich Richtung 90° (nach Osten). Wenn es auf der Bahn 18 landet oder von dort abhebt, bewegt es sich Richtung Süden (180°). Wenn es auf Bahn 27 landet oder von dort startet, bewegt es sich Richtung Westen (270°). Und wenn es auf Bahn 36 landet oder von dort startet, bewegt es sich Richtung Norden (360°).

WARUM REGENTROPFEN
UNTERSCHIEDLICH GROSS SIND

Im Durchschnitt hat ein Regentropfen einen Durchmesser von ungefähr 0,1 bis 4,9 Millimeter. Es gibt allerdings eine Reihe von Ausnahmen, und so kommen gelegentlich auch 8 Millimeter große Regentropfen vor. Größere Regentropfen sind jedoch selten, weil die Teilchen ab einer bestimmten Größe in kleinere Teilchen zerfallen. Viele Faktoren beeinflussen den Durchmesser beziehungsweise die Größe eines Regentropfens. Die Geschwindigkeit, mit der ein Regentropfen nach unten fällt, ist proportional zu seinem Durchmesser. Größere Teilchen fallen somit schneller als kleinere. Lässt man eine Kanonenkugel und eine kleinere Kugel fallen, beschleunigen diese zwar mit der gleichen Rate, bei Regentropfen muss man aber den Windwiderstand mitberücksichtigen.

Die maximale Distanz, die ein Regentropfen fällt, bevor er verdunstet, hängt von dem Prozess ab, durch den sich eine Flüssigkeit in ein Gas verwandelt und der ebenfalls proportional zur Größe des Tropfens ist. Ein fallender Regentropfen stößt auf Luftwiderstand. Der durch die Luftmoleküle verursachte Reibungswiderstand wächst proportional mit der Beschleunigung des Regentropfens. Schließlich gleichen sich die Reibungskraft und die Massenanziehung aus, und der Regentropfen erreicht seine Endgeschwindigkeit, die jene Geschwindigkeit ist, mit der sein Fall endet. Kleinere Tropfen erreichen keine so hohe Endgeschwindigkeit wie größere Tropfen. Große Regentropfen bedeuten oftmals erhöhte Luftturbulenzen und stärkere Aufwärtswinde beziehungsweise Luftströmungen, die in den Wolken darüber auf Widerstand stoßen.

Regentropfen haben normalerweise nicht die Form von Tränen, auch wenn sie in Zeichnungen und anderen Bildern oftmals so dargestellt werden. Vielmehr haben sie die Form von abgeflachten Sphäroiden, die wie eingedellte Kugeln beziehungsweise Untertassen aussehen.

Noch vor einhundert Jahren glaubten Wissenschaftler, die Größe eines Regentropfens werde von Kräften bestimmt, die in der Wolke selbst wirkten, bevor der Regentropfen falle. In jüngerer Zeit wurde aber gezeigt, dass Regentropfen sich während des Fallens viele Male bilden beziehungsweise auflösen können. Ein Regentropfen entsteht, wenn sich Wasserdampf innerhalb einer Wolke mit winzigen Teilchen innerhalb derselben Wolke verbindet. Die winzigen Tropfen bleiben dicht zusammengepackt und dies bedeutet, dass sie tendenziell zu größeren Tropfen zusammenwachsen.

EIN KATALOG WIDRIGER WETTERBEDINGUNGEN IN DEM ROMAN *STURMHÖHE* VON EMILY BRONTË[1]

Kapitel 1: Einem »reinen, stärkenden Luftzug« und der »Gewalt des um die Ecken des Gutshofs blasenden Nordwinds« hat die *Sturmhöhe* ihren Namen zu verdanken.

Kapitel 2: Neblig und kalt ist es, mit einer strengen, aber trockenen Kälte auf der öden Bergkuppe und den »ersten flaumigen Flocken eines Schneeschauers«, aus dem später dichtes Schneetreiben wird: »[...] trat ich ans Fenster, um nach dem Wetter zu sehen. Ein trauriger Anblick: schon war es schwarze Nacht da draußen, und Himmel und Hügel verschmolzen im wilden Wirbel von Wind und Schnee.«

Kapitel 3: Stürmischer Wind und dichtes Schneetreiben: »Der ganze Hügelrücken war ein wogendes weißes Meer.«

Kapitel 4: Frostig, ans Haus gefesselt.

Kapitel 5: Ein starker Wind, wild und stürmisch.

Kapitel 6: So nasskalt, dass Catherine in einem Sumpf auf dem windigen Moor ihre Schuhe verlor.

Kapitel 7: Ein Regenschauer.

Kapitel 8: Sommerregen.

Kapitel 9: »Es war in der Tat für einen Sommerabend außerordentlich finster. Die schwarzen Wolken drohten ein Gewitter zu bringen.« Regen zieht herauf, der in dicken Tropfen fällt, gefolgt von heftigen Winden und

---

1   Die Zitate in diesem Kapitel stammen aus Emily Brontës *Sturmhöhe*, aus dem Englischen von Gisela Etzel (*Der Sturm-Heidehof*, 1908).

Donnergrollen, so stark, dass ein Baum umstürzt und aufs Haus fällt, wo er erhebliche Schäden anrichtet.

Kapitel 10: »O diese kalten Winde und düsteren Nordlandhimmel!«

Kapitel 11: »Es war ein klarer kalter Nachmittag. Die Felder waren kahl und der Fußpfad hart und trocken.«

Kapitel 12: Neblige Finsternis. Windig, mit schwankenden Bäumen.

Kapitel 13: Laue Winde, gefolgt von frostiger, unwirtlicher Finsternis.

Kapitel 14: Trostlos.

Kapitel 15: Ein kaum spürbarer Wind.

Kapitel 16: Hell und heiter im Freien (als Kontrapunkt zu der fieberhaften Trauer und dem zehrenden Kummer im Haus im Anschluss an den Tod Catherines im Kindbett).

WIE MEERGLAS ENTSTEHT

Meerglas ist Glas, das im Meer sowohl physikalisch als auch chemisch verwittert ist. Es ist oft an Stränden zu finden. Ein chemisches Element, das zur Entstehung von Meerglas beiträgt, ist das Salz in Salzwasser. Infolge dieses und anderer Verwitterungsprozesse wird das Glas im Wasser auf natürliche Weise satiniert. Es dauert vielleicht 30, 40 oder 50 Jahre, bis Meerglas seine charakteristische Oberflächenstruktur und Form annimmt. Es kann sogar bis zu einhundert Jahre dauern.

Im Wasser werden kleine Glasscherben mit scharfen Kanten über viele Jahre hinweg abgescheuert und abgeschliffen, wobei die zackigen Kanten zunehmend geglättet werden. Das Glas verliert dabei auch seinen Glanz und wird immer matter. Das Glas stammt ursprünglich von zerbrochenen Flaschen, aber auch von Gläsern, Platten, Fenstern, Windschutzscheiben, Keramikwaren oder Schiffswracks. Meerglas findet sich weltweit in Küstengebieten, unter anderem in Argentinien, Australien, Bermuda, China, der Dominikanischen Republik, Frankreich, Hawaii, Italien, Kanada, Mexiko, Puerto Rico, Schottland, Spanien, Sri Lanka und den USA.

Der günstigste Zeitpunkt, um Meerglas zu finden, ist bei Perigäums-Springtiden sowie während der ersten Ebbe nach einem Sturm. Springtiden entstehen, wenn Erde, Sonne und Mond auf einer Geraden liegen, was ungefähr alle zwei Wochen bei Neumond oder Vollmond der Fall ist. Perigäums-Springtiden sind ungewöhnlich hohe Tiden, die drei- bis viermal im Jahr entstehen, wenn das Perigäum, also die höchste Erdnähe des Mondes, mit einer Springtide zusammenfällt.

Die Farbe von Meerglas hängt von seiner Quelle ab. Die häufigsten Farben von Meerglas sind Grün, Braun und Weiß (klar/durchsichtig). Seltenere Farben sind Jadegrün, Bernstein (meistens aus alten Arzneimittel-, Schnaps-, Whisky- und frühen Bleichmittelflaschen), Golden Amber (ein überwiegend für Schnapsflaschen verwendeter brauner Farbton), ein besonderer Hellgrünton (von alten Limonadenflaschen), ein tieferes Grün und ein helles Blau (in der Regel von Limonadenflaschen, Arzneimittelflaschen, Tintenflaschen und Obstgläsern).

Zu den selteneren Farben von Meerglas zählt ein bestimmter Grünton, der zu Beginn des 20. Jahrhunderts bei Brausegetränk- und Bierflaschen üblich war. Purpurnes Meerglas ist ebenfalls selten, genauso gelbes, milchig-weißes (von Milchglas), kobaltblaues, kornblumenblaues und aquamarinblaues Meerglas. Die seltensten Farben sind Grau, Rosa, Blaugrün, Schwarz, Gelb, Türkis, Rot und Orange. Schwarzes Glas hat manchmal seinen Ursprung in robusten Gin-, Bier- und Weinflaschen aus dem 18. Jahrhundert und schimmert teilweise grün oder braun, wenn man es gegen das Licht hält. In Glas eingeschlossene Gasblasen und andere Arten von Verunreinigungen und Unregelmäßigkeiten kamen in der frühen Glasproduktion häufiger vor und können als eine zusätzliche Möglichkeit zur Identifizierung von Quellen und Daten zur Herkunft einer bestimmten Meerglasscherbe dienen. Frühe handgeblasene Flaschen weisen außerdem mehr Makel auf, während bei denjenigen, die in einer Gussform hergestellt werden, weniger Makel zu finden sind. Die Glasdicke älterer

Flaschen war auch größer, was bedeutet, dass sie größere einzelne Meerglasscherben produzieren können.

Mit bestimmten Flaschenfarben und -formen sind also bestimmte Substanzen verbunden, und dasselbe gilt für das Herkunftsland des ursprünglichen Glases. Arzneimittel und alkoholische Getränke wurden häufig in grünen Flaschen verkauft. Olivgrün wurde häufig für Ginflaschen verwendet, aber auch Braun sowie einige Blautöne wurden hier eingesetzt. Whisky wurde oft in grünen und braunen Flaschen abgefüllt. Die Alkoholflaschen für Substanzen, die per Schiff transportiert wurden, waren oft quadratisch, da dies die effizienteste Form ist, um eine bestimmte Anzahl von Flaschen in einer quadratischen oder rechteckigen Kiste zu verstauen. Gifte wurden im Allgemeinen in blauen Flaschen verkauft.

Frühe Handelsposten sind aussichtsreiche Fundorte von frühen Exemplaren von Meerglas. Auf Jamaika zum Beispiel findet man gelegentlich spanisches, afrikanisches, englisches, indisches und chinesisches Glas. Das meiste schwarze Glas, das auf der karibischen Insel gefunden wird, kommt aus England und wurde zwischen dem 17. und dem 19. Jahrhundert hergestellt.

BESTIMMUNG VON ENTENARTEN
ANHAND IHRES FEDERKLEIDS

Amerikanische
Trauerente (Mela-
nitta americana)

Blauflügelente
(Anas discors)

Büffelkopfente
(Bucephala albeola)

Schellente
(Bucephala clangula)

Gänsesäger
(Mergus merganser)

Eiderente
(Somateria
mollissima)

Brandgans
(Tadorna tadorna)

Gänsesäger
(Mergus merganser)

Ringschnabelente
(Aythya collaris)

Riesentafelente
(*Aythya valisineria*)

Bergente
(*Aythya marila*)

Löffelente
(*Anas clypeata*)

Kragenente
(*Histrionicus
histrionicus*)

Stockente
(*Anas
platyrhynchos*)

Spießente
(*Anas acuta*)

Eisente
(*Clangula hyemalis*)

Rotkopfente
(*Aythya americana*)

Brautente
(*Aix sponsa*)

SANDKÖRNER ZÄHLEN

In seiner Abhandlung *Der Sandrechner* versuchte der altgriechische Philosoph Archimedes eine Methode zu finden, mit der sich abzählen ließe, wie viele Sandkörner notwendig sind, um das gesamte Universum auszufüllen. Stellen Sie sich die Anzahl von Sandkörnern an einem Strand vor. Dies ist eine sehr große, wenn auch keine unendliche Zahl. Stellen Sie sich jetzt die Anzahl von Sandkörnern an einem anderen Strand vor. Wenn Sie die beiden addieren, erhalten Sie eine Zahl, die größer ist als jede der beiden Zahlen, von denen Sie ausgegangen sind.

Stellen Sie sich jetzt vor, der Ozean zwischen den beiden Stränden wäre leer und statt mit Wasser wäre er mit Sand gefüllt. Stellen Sie sich dann vor, alle Strände und alle Ozeane des Planeten wären mit Sand gefüllt. Wie könnten wir so viele einzelne Sandkörner zählen? Stellen Sie sich jetzt vor, jeder Planet im Sonnensystem wäre in Sand verwandelt worden, und alle Zwischenräume zwischen allen Planeten wären mit Sand ausgefüllt. Dies wäre eine Menge Sand.

Stellen Sie sich als Nächstes vor, nicht nur dieses Sonnensystem wäre mit Sand ausgefüllt worden, sondern jedes Sternensystem, jede Galaxie; selbst die Schwarzen Löcher wären mit Sand ausgefüllt worden. Auf diese Weise müssten wir die Anzahl der Sandkörner abzählen, wenn wir herausfinden wollten, wie viele Sandkörner nötig wären, um das Universum mit Sand auszufüllen.

Archimedes ging von der Myriade (10 000) aus, der größten Zahl, für welche die Griechen ein Symbol hatten. Diese reicht sehr wahrscheinlich nicht einmal aus, um die Anzahl der Sandkörner an einem Strand zu zählen, aber es ist ein Anfang. Als Nächstes stellte er sich eine Myriade von Myriaden (100 000 000) vor. Er verwendete dies als die Einheit in einer zweiten Größenordnung der Nummerierung. Für die dritte Größenordnung stellte er sich dann 100 000 000 um 100 000 000-mal mit sich selbst multipliziert vor; dies wäre eine Myriade von Myriaden um eine Myriade von einer Myriaden Malen mit sich selbst multipliziert.

Sein Zahlensystem setzte sich in der vierten Größenordnung fort, deren Einheit eine Myriade einer Myriade einer Myriade einer Myriade war, eine Myriade einer Myriade einer Myriade einer Myriade von Malen mit sich selbst multipliziert, dann ein weiteres Mal mit einer Myriade einer Myriade einer Myriade von einer Myriade von Malen multipliziert und schließlich ein weiteres Mal mit einer Myriade einer Myriade einer Myriade von einer Myriade von Malen.

Nach Archimedes' Berechnungen war dies eine recht große Zahl, vermutlich groß genug, um zu zählen, wie viele Sandkörner es gäbe, wenn die Erde zur Gänze aus Sand bestünde. Um das Universum mit Sand auszufüllen, benötigte er jedoch größere Zahlen. Für die fünfte Größenordnung von Zahlen wird die Einheit eine Myriade einer Myriade einer Myriade einer Myriade von einer Myriade von Malen, eine Myriade einer Myriade einer Myriade einer Myriade von einer Myriade von Malen mit sich selbst multipliziert, und dann erneut mit einer Myriade einer Myriade einer Myriade einer Myriade von einer Myriade von Malen und schließlich ein weiteres Mal mit einer Myriade einer Myriade einer Myriade einer Myriade von einer Myriade von Malen.

Dies gab Archimedes hinreichend große Zahlen, um das Sonnensystem mit Sand auszufüllen. Aber das genügte noch immer nicht, um das Universum vollständig mit Sand zu füllen. Die Einheit der sechsten Größenordnung war eine Myriade einer Myriade einer Myriade einer Myriade einer Myriade von einer Myriade von Malen, mit einer Myriade einer Myriade einer Myriade einer Myriade einer Myriade von einer Myriade von Malen mit sich selbst multipliziert, und dann erneut mit einer Myriade einer Myriade einer Myriade einer Myriade einer Myriade von einer Myriade von Malen und dann abermals mit einer Myriade einer Myriade einer Myriade einer Myriade einer Myriade von einer Myriade von Malen und schließlich ein weiteres Mal mit einer Myriade einer Myriade einer Myriade einer Myriade einer Myriade von einer Myriade von Malen.

Für die siebte Größenordnung von Zahlen, die notwendig war, um zu den extrem großen Zahlen zu gelangen, die Archimedes benötigte, war die Einheit eine Myriade einer Myriade einer Myriade einer Myriade einer Myriade einer Myriade von einer Myriade von Malen, eine Myriade einer Myriade einer Myriade einer Myriade einer Myriade einer Myriade einer Myriade einer Myriade von Malen mit sich selbst multipliziert. Und so weiter …

DIE GESCHICHTE
DER LITAUISCHEN MONARCHIE

Der Staat Litauen entstand in den dreißiger Jahren des 13. Jahrhunderts. Damals unterlag er einer doppelten Bedrohung: durch den Deutschen Orden im Westen und durch den livländischen Schwertbrüderorden im Norden. Der Livländische Orden war ein geistlicher Ritterorden, der im Jahr 1202 vom dritten Bischof von Riga gegründet worden war. Nach der Niederlage gegen die Samogiten und Semgallen in der Schlacht von Schaulen (auch Saule genannt) ging er im Deutschen Orden auf, einem weiteren Militärorden, der im späten 12. Jahrhundert in Akkon gegründet worden war. Im Anschluss an diese Schlacht kam es unter Volksstämmen wie den Kuren, Selonen und Öseliern zu weiteren Aufständen gegen die Militärorden. Dabei handelt es sich um eine Vielzahl ethnischer Gruppen und Stammesgruppen im Baltikum. So lebten die Kuren an der Küste der Ostsee auf dem Gebiet des heutigen Westlettlands beziehungsweise Litauens, und sie gaben der modernen Region Kurland ihren Namen. Zu ihren modernen Nachfahren gehören die Kursenieki der Kurischen Nehrung. Die Selonen lebten auf dem Gebiet des heutigen Südostlettlands beziehungsweise im Nordosten Litauens. Wir wissen nur wenig über sie, auch wenn ihre Bestattungsbräuche denen der Lettgallen ähnelten, die ein ostbaltischer Volksstamm waren, der im östlichen Teil des heutigen Vidzeme lebte. Die Samogiten lebten im Westteil des modernen Litauens und waren eng mit den Semgallen und Kuren verwandt. Das Siedlungsgebiet der Semgallen wiederum befand sich östlich desjenigen der Samogiten, im südlichen Zentrallitauen und nördlichen Lettland.

In den dreißiger Jahren des 13. Jahrhunderts schlossen sich einige dieser Volks- und Stammesgruppen zu dem Staat Litauen zusammen. Der erste Herrscher war Großfürst Mindaugas, der im Jahr 1253 im Anschluss an seine Bekehrung zum Christentum auch zum König ernannt wurde. Dies ermöglichte es ihm, ein Bündnis mit den Liven zu schließen. Im Jahr 1261 zerbrach dieses Bündnis jedoch und er wurde schließlich von seinen Verwandten Treniota und Daumantas ermordet.

Das meiste, was wir über Mindaugas wissen, stammt aus zwei zeitgenössischen Dokumenten: der *Livländischen Reimchronik* und der *Hypatiuschronik*. Die *Livländische Reimchronik* ist eine historische Chronik von Ereignissen, die auf Mittelhochdeutsch und in Reimform verfasst wurde. Die *Hypatiuschronik* besteht ihrerseits aus zwei eigenständigen Dokumenten in alter kirchenslawischer Sprache, der *Nestorchronik* (auch als *Kiewer Chronik* bekannt) und der *Galizisch-Wolhynischen Chronik*. Die *Nestorchronik* ist eine historische Chronik, die in der Kiewer Region entstanden ist. Die *Galizisch-Wolhynische Chronik* ist ein historisches Dokument, das sich auf das Fürstentum Halytsch-Wolhynien bezieht, dessen Gebiet nicht weit von Kiew entfernt lag.

Die späteren Herrscher von Litauen wurden weithin eher als Großfürsten denn als Könige bezeichnet, obgleich sie sich selbst Könige nannten. Treniota, der Mindaugas auf den Thron folgte, wurde im Jahr 1265 selbst ermordet. Mindaugas' Sohn Vaišvilkas war der nächste Herrscher, der aber zugunsten seines Schwagers Švarnas abdankte, welcher zum ersten und einzigen Herrscher des kurzlebigen Hauses Monomakhovichi wurde. Nach ihm herrschten Traidenis und Daumantas, die das Hoheitsgebiet Litauens weiter auf die Siedlungsgebiete der Sudauer, Semgallen und Schwarzruthenen ausdehnten. Die Sudauer (die auch Jotwinger, Sudowiten, Jatwer oder Jatwinger genannt werden) lebten in Teilen des modernen Polens, Weißrusslands und Litauens. Schwarzruthenien lag in der Gegend des heutigen Navahrudak (bzw. Novogrudok), am Oberlauf des Flusses Neman. Ansonsten wissen wir nur sehr wenig über Daumantas, da er jeweils nur ein Mal in der *Livländischen Reimchronik,* der *Nestorchronik* und der *Galizisch-Wolhynischen Chronik* erwähnt wird.

Im Anschluss an die kurze Regierungszeit von Daumantas wurde Litauen vom Haus der Gediminiden regiert. Zu den Großfürsten dieser Dynastie gehörten Butigeidis, Budvydas, Vytenis, Gediminas selbst, Jaunutis, Algirdas, Jogaila, Kęstutis, Jogaila (der Zweite) und natürlich Vytautas der Große. Auf Vytautas den Großen folgten noch zahlreiche weitere Großfürsten aus dem Haus der Gediminiden.

WIE SPÄT IST ES?

FAKTEN UND ZAHLEN:
DIE PHILATELIE VON MAURITIUS

- Die ersten mauritischen Briefmarken wurden im Jahr 1847 herausgegeben.

- Das Bild auf diesen ersten Briefmarken stammte von dem Miniaturmaler und Graveur Joseph Osmond Barnard.

- Zu den Personen, die auf mauritischen Briefmarken abgebildet wurden, gehörte auch der Missionar Pierre Poivre.

- Das Poivre-Korallenatoll ist ebenfalls nach Pierre Poivre benannt.

- Eine der ersten Briefmarken wurde bekannt unter dem Namen One Penny Red Brown. Sie hatte einen Nennwert von einem Penny und war von rotbräunlicher Farbe.

- Die zweite Originalbriefmarke von 1847 ist unter dem Namen Two Pence Blue bekannt. Sie ist blau und hat einen Nennwert von zwei Pennies.

- Ein Briefumschlag, der sowohl die Two Pence Blue als auch die One Penny Red Brown trug, wurde 1993 in Zürich versteigert.

- Einige der Originalbriefmarken waren auf Briefe geklebt worden, die die Ehefrau des Gouverneurs von Mauritius verschickte.

- Die erste Serie der 1847 gedruckten Briefmarken wies die Worte Post Office auf, was später in Post Paid geändert wurde.

- Die One-Pence-Briefmarke wurde für Postsendungen eingesetzt, die innerhalb einer Stadt versandt wurden, die Two-Pence-Briefmarke wurde für andere Zwecke verwendet.

- Die One-Pence- und die Two-Pence-Posttarife wurden durch die *Verordnung Nr. 13* des Gouverneurs von Mauritius festgelegt.

- Die One Penny Orange wurde im Jahr 1854 ausgegeben. Sie ist orangefarben.

- Die ursprüngliche Gravur, die für die Briefmarke verwendet wurde, wurde später von Jules Lapirot und anschließend von Robert Sherwin neu gestaltet.

- Die Version mit der Gravur von Jules Lapirot wird Lapirot-Ausgabe genannt.

- Die Version mit der Gravur von Robert Sherwin wird Sherwin-Ausgabe genannt. Man hat entdeckt, dass die Sherwin-Ausgabe auf Papierbögen mit 12 Briefmarken gedruckt wurde.

- Mit dem Bau des Postmuseums von Mauritius wurde 1865 begonnen.

- Das Postmuseum von Mauritius wurde 1868 eingeweiht und eröffnet.

GEDANKENWIRBEL, TEIL II: GPS

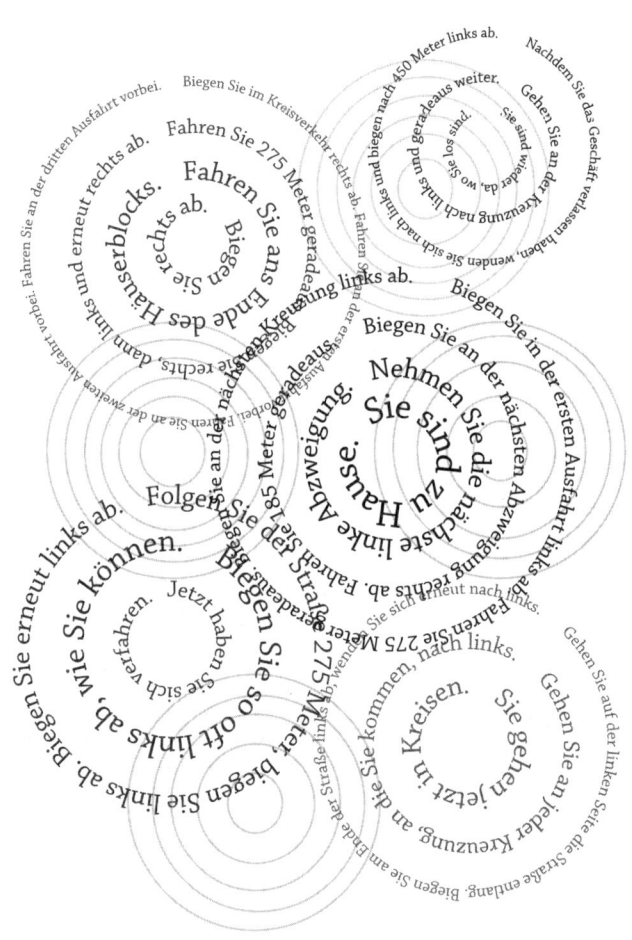

DIE VERWALTUNG DES MAURYA-REICHS
IM GOLDENEN ZEITALTER INDIENS

Chandragupta Maurya, der Begründer des Maurya-Reichs, wurde von Kautilya, dem Verfasser der *Arthashastra (Wissenschaft vom materiellen Wohlstand)*, beraten. Diese Zusammenarbeit bildete die Grundlage für eine zentralisierte, hierarchisch aufgebaute Regierung mit einem klaren Schwerpunkt auf den wichtigen Angelegenheiten wie eine leistungsfähige Verwaltung. Das Reich setzte sich aus Provinzen, Distrikten und Dörfern zusammen, die jeweils von lokalen Amtsträgern geleitet wurden, welche jene Aufgaben ausführten, die ihnen von der Zentralverwaltung übertragen wurden. Der König stand an der Spitze der Exekutive, und er ernannte die nachgeordneten Amtsträger einschließlich der Minister und anderer Verwaltungsbeamter. Der Ministerrat (der *Mantri Parishad*) beriet den König bei seinen Entscheidungen und half mit, diese an nachgeordnete Verwaltungsbeamte zu delegieren. Die Anzahl der Minister im Ministerrat schwankte, je nach Ereignissen. Nicht alle Minister mussten an allen Sitzungen teilnehmen. Dem Ministerrat untergeordnet war der Beamtenstand des Maurya-Reichs, der auf eine hoch effiziente Weise zentrale exekutive, richterliche und Steuererhebungsaufgaben ausführte. Jede Abteilung der Beamtenschaft wurde von einem Vorsteher *(Adhyaksha)* geleitet. Zwei weitere Typen von Beamten waren der *Samaharta* (Steuereintreiber) und der *Sannidhata*, der für die ordnungsgemäße Verwaltung der Staatskasse zuständige Beamte.

Der Teil des Reichs, der direkt vom König regiert wurde,

bestand aus zahlreichen Provinzen *(Janapadas)*. Zu den Provinzhauptstädten gehörten Taxila, Ujjain, Tosali, Suvarnagiri und Pataliputra. Jede Provinz bestand aus zahlreichen Bezirken, und jeder Bezirk war in kleinere Unterbezirke unterteilt. Einige der Unterbezirke waren noch weiter unterteilt, wobei das Dorf der kleinstmögliche Unterbezirk eines Unterbezirks war. Der Gouverneur jeder Provinz befasste sich mit den täglichen Verwaltungsaufgaben, die sich auf die Provinz bezogen, sowie mit jenen Aspekten der Zentralverwaltung, die spezifisch sein Gebiet betrafen. Dem Gouverneur standen bei dieser Aufgabe auch Bezirksbeamte, Berichterstatter und Schreiber zur Seite, die der jeweiligen Provinz zugewiesen wurden.

Das kommunale Verwaltungssystem des Maurya-Reichs machte die ganze Situation noch komplexer. So ist zum Beispiel ein historischer Bericht über die Verwaltungstätigkeit des Stadtrats von Pataliputra erhalten geblieben. Diesem Rat gehörten 30 Mitglieder an. Er war in sechs Ausschüsse untergliedert, und jeder Ausschuss bestand aus fünf Mitgliedern. Manchmal spalteten sich diese Ausschüsse in kleinere Unterausschüsse auf, je nach Zweck des Ausschusses und seiner administrativen Zuständigkeit. Der Rat und die Ausschüsse leiteten gemeinsam die Verwaltung der Stadt. Die wichtigsten Bereiche, die von den Ausschüssen beaufsichtigt wurden, waren Industrie, zivile Angelegenheiten, Meldewesen, Handel und Gewerbe und die administrative Erhebung von Verbrauchsteuern und Zöllen.

Der Staat verfügte über vielfältige Einnahmequellen, die jeweils eine Reihe spezifischer Verwaltungsaufgaben erforderten. So war die Grundsteuer eine bedeutende Einnahmequelle. Außerdem gab es Zölle auf eine Vielzahl von Waren und Gewerben, zum Beispiel auf Forstwirtschaft, Wasserbau, Bergbau und Münzprägung. Mit den Einnahmen wurde eine Vielzahl von staatlichen Einrichtungen und Leistungen finanziert, unter anderem das Militär, die Beamtenschaft, sowie öffentliche Projekte, öffentliche Bauten und die Verwaltungsbürokratie, die jede dieser Aufgaben ausführte. Dazu gehörten Verbrauchssteuern, Forststeuern, Wasserabgaben, Bergbauabgaben und Münzprägung. Ein Großteil der Staatseinnahmen wurde dazu verwendet, das Heer der Amtsträger der königlichen Regierung zu bezahlen, außerdem wurde es für wohltätige Zwecke und für verschiedene öffentliche Arbeiten wie Bewässerungsprojekte und Straßenbau ausgegeben. In der Regierungszeit von Ashoka wurden weitere Reformen durchgeführt, zum Beispiel im Hinblick auf die Verwaltungsmethoden sowie auf den exekutiven, gesetzgebenden und rechtsprechenden Zweig der Verwaltungsbürokratie. Es wurde auch eine neue Klasse von Amtsträgern geschaffen: die *Dhamma Mahamatras*.

DIE LÄNGSTE SCHACHTURNIERPARTIE,
DIE JE GESPIELT WURDE

Die längste Schachpartie, die jemals in einem Turnier gespielt wurde, ging über 269 Züge und fand im Jahr 1989 in
Belgrad zwischen Ivan Nikolić und Goran Arsović statt. Die
Partie dauerte 20 Stunden und endete in einem Remis. Um
dieses außerordentliche Ereignis wieder aufleben zu lassen,
geben wir Ihnen nachfolgend einen kurzen Überblick über
die Züge.

Nikolić eröffnete die Partie, indem er einen Bauern nach
d4 bewegte. Arsović zog daraufhin einen Springer nach f6.
Nikolić bewegte einen weiteren Bauern, diesmal nach c4,
während Arsović seinerseits einen Bauern nach g6 zog.
Nikolić bewegte einen Springer nach c3, und Arsović bewegte einen Springer nach g7.

Bei seinem vierten Zug bewegte Nikolić einen dritten
Bauern, diesmal nach e4. Daraufhin zog Arsović einen
Bauern nach d6. Dann bewegte Nikolić einen Springer
nach f3. Arsović führte daraufhin spannenderweise eine
Rochade aus. Nikolić bewegte einen Läufer auf e2, und
Arsović bewegte einen Springer von b nach d7.

Beim siebten Zug reagierte Nikolić verspätet auf die
Rochade Arsovićs mit einer eigenen Rochade. Arsović bewegte einen Bauern nach e5. Nikolić bewegte einen Turm
nach e1 und Arsović zog einen Turm nach e8. Beim neun-
ten Zug bewegte Nikolić einen Läufer nach f1, worauf
Arsović einen Bauern nach h6 zog. Anschließend
zog Nikolić einen Bauern nach d5, und Arsović
zog einen Springer nach h7. Daraufhin bewegte

Nikolić einen Turm nach b1, woraufhin Arsović einen Bauern nach f5 bewegte.

Die beiden Spieler hatten jetzt ihren zwölften und dreizehnten Zug erreicht, bei denen zunächst Bauern nach d2 beziehungsweise f4 und dann nach b4 und g5 gezogen wurden. Nikolić wandte sich dann seinem Springer zu, den er nach b3 bewegte, und Arsović bewegte einen Läufer nach f8. Dann zog Nikolić ebenfalls einen Läufer nach e2, und Arsović bewegte einen Springer von d nach f6. Zwei weitere Bauern wurden nach c5 und g4 gezogen. Jetzt wurde das Spiel mit einem Mal spannend, als die Spieler Bauern tauschten: Nikolić schlug den Bauern auf d6 (von c), worauf Arsović mit einem Bauern von c nach demselben Feld zog.

Als Nächstes bewegte Nikolić einen Bauern nach a3, worauf Arsović antwortete, indem er einen Springer nach g5 zog.

Bei seinem neunzehnten Zug bewegte Nikolić seinen Läufer nach f1, während Arsović einen Turm nach e7 zog. Dann folgte der erste Damenzug der Partie, wobei Nikolić seine Dame nach d3 bewegte, während Arsović mit einer Rochade nach g7 antwortete. Es sollte noch spannender werden, als Nikolić seinen König nach h1 und Arsović seine Dame nach e8 zog. Zu diesem Zeitpunkt war die Partie ausgewogen.

Nikolić bewegte seinen Springer nach d2, während Arsović auf Zeit spielte, indem er einen Bauer nach g3 bewegte. Beim dreiundzwanzigsten Zug schlug Nikolić die Figur auf g3, und Arsović revanchierte sich einmal mehr, indem er seinerseits eine Figur schlug (wobei die Angreifer in beiden Fällen von f kamen). Dann folgte ein weiterer

Schlagzug: Nikolićs Dame schlug die Figur auf g3. Arsović konnte nicht sofort mit einem Schlagzug antworten und zog daher seinen Springer nach h3.

Als die Spannung in dem Raum weiter zunahm, bewegten die beiden Männer jeweils ihre Damen auf f3 und g6. Anschließend zog Nikolić einen Bauern nach c4, worauf Arsović mit einem Springer nach d7 antwortete. Nikolić zog nun einen Läufer nach d3, und Arsović zog einen Springer nach g5. Der nächste Zug, der achtundzwanzigste Zug für jeden Spieler, war ein Läufer nach g5 für Nikolić, den Arsović aber gleich mit seiner Dame schlug und so einen verspäteten Ausgleich in der Anzahl der geschlagenen Figuren erreichte. Dann bewegte Nikolić seinen Springer nach e3, woraufhin Arsović mit einem Turm nach e8 antwortete.

Mit seiner Springerstrategie fortfahrend, zog Nikolić nach e2, während Arsović seinen Läufer bevorzugte, den er nach e7 zog. Als Nächstes bewegten beide Spieler ihre Türme, Nikolić von b nach d1 und Arsović nach f8. Dann setzten beide Spieler ihre Springer ein, Nikolić zog nach f5 und Arsović nach g4. Die Partie wurde mit jedem Zug spannender, auch wenn beide Spieler unverkennbar eine eher defensive Strategie verfolgten.

Als Nächstes bewegte Nikolić den Springer von e nach g3, und Arsović bewegte einen Bauern nach h5. Wir haben den vierunddreißigsten Zug erreicht: Nikolić zog seinen König nach g1, während Arsović denselben Bauern um ein weiteres Feld nach h4 zog. Dann tauschten die Spieler Figuren aus, als jeder auf g4 zog, und die Partie ging ihren Gang.

DIE ANFÄNGE
DER HABSBURGERMONARCHIE

Die Habsburgermonarchie verdankt ihren Namen der Habsburg (auch Habichtsburg genannt), die sich hoch über dem Fluss Aare (in der heutigen Schweiz) erhebt. Die Burg wurde im Jahr 1020 von Graf Radbot erbaut. Radbots Sohn Werner wurde der erste Graf von Habsburg. Er war der Großvater von Albrecht III., dem Grafen von Zürich und Landgrafen des Oberelsass. Zur Erklärung: Ein Landgraf war ein Graf, der die Gerichtsbarkeit in einem bestimmten Gebiet ausübte. Nach dem Tod Albrechts III. und Rudolfs II. von Habsburg wurden die zugehörigen Gebiete zwischen Albrecht IV. und Rudolf III. aufgeteilt, allerdings verkauften die Nachfahren Rudolfs III. ihr Territorium zurück an die Nachfahren von Albrecht IV. Dessen Sohn Rudolf IV. wurde im Jahr 1273 deutscher König, was allerdings bedeutete, dass er statt als Rudolf IV. unter dem Namen Rudolf I. bekannt wurde. Seine Söhne Albrecht (der zu Albrecht I. werden sollte) und Rudolf (Rudolf II. von Österreich) erbten Ländereien, einschließlich des größten Teils Österreichs, als ihr Herrschaftsgebiet.

Während Rudolf II. auf seinen Anteil an den Gebieten verzichtete, entbrannten nach dem Tod Albrechts I. Streitigkeiten über die Aufteilung des Gebiets. Die Probleme konnten schließlich gelöst werden, und Rudolf IV. erhielt bei der Aufteilung des Territoriums zwischen ihm und seinen Brüdern Albrecht III. und Leopold III. den Löwenanteil.

Zu diesem Zeitpunkt herrschte Rudolf III. über Österreich, und Friedrich I. war König des Deutschen Reichs geworden (als Friedrich III.), während Albrecht V. von Österreich römisch-deutscher König wurde (als Albrecht II.). Sein Sohn Ladislaus Postumus erbte im Jahr 1446 zusätzlich die Krone von Ungarn. Er war der letzte männliche Nachfahre Albrechts III. Zu diesem Zeitpunkt hatte sich die Abstammungslinie Leopolds III. in zwei überlebende Zweige aufgespalten, die innerösterreichische Linie und die Tiroler Linie. Friedrich V. war die bedeutendste Figur der Ersteren und wurde jetzt – als Friedrich III. – deutscher König.

Eine der ersten Amtshandlungen Friedrichs bestand darin, die Verwendung des Titels »Erzherzog von Österreich« durch die Habsburger gutzuheißen (diesen hatte zuvor Rudolf IV. erstmals für sie in Anspruch genommen). Sein Sohn Maximilian einte die österreichischen Erblande, als Sigismund von Tirol zu seinen Gunsten abdankte (im Jahr 1490).

Maximilian heiratete Maria, die Erbin von Burgund, was bedeutete, dass ihr Sohn Philipp die Territorien Karls des Kühnen erben sollte, unter anderem das Artois, die Niederlande, Luxemburg und die Freigrafschaft Burgund oder Franche-Comté. Philipp heiratete Johanna, die Erbin von Kastilien und Aragón sowie weiterer Territorien wie Neapel, Sizilien und Sardinien. Nachfolger Maximilians I. in der Rolle des Habsburger Monarchen war Karl V.

Es ist wichtig, in präziser Weise über die Habsburger zu sprechen, weil auf die Dynastie verschiedene Terminologien angewandt werden können. Die Habsburgermonarchie bezeichnet die Monarchie, die einen Nachfahren der Habsburger als titulares Oberhaupt hatte. Dies unterscheidet sie vom Habsburgerreich, welches das Reich ist, das von den Nachfahren der Habsburger regiert wurde.

Der Kern des Territoriums der Habsburger-Dynastie, welcher direkt von der Habsburgermonarchie regiert wurde, wurde entweder Habsburgische Erblande oder Österreichische Erblande genannt. Dies ist zu unterscheiden von der Österreichischen Monarchie und weiteren monarchisch regierten Gebieten. In späteren Jahrhunderten waren auch andere Bezeichnungen gebräuchlich. So konnte zum Beispiel das Kaisertum Österreich das Reich bezeichnen, das von Österreich aus regiert wurde, oder auch ein ausgedehntes Gebiet davon. Österreich-Ungarn wurde zum offiziellen Namen des Territoriums der Monarchie – diese wurde manchmal auch Doppelmonarchie beziehungsweise, umgangssprachlich, Donaumonarchie genannt.

WISSENSWERTES ÜBER EICHEN

- Die *Quercus canariensis* ist besser bekannt unter ihrem Trivialnamen Algerische Eiche.

- Die *Quercus douglasii* wird aufgrund der blau-grünen Farbe ihrer Blätter Blau-Eiche genannt.

- Zu den Pflanzengallen und Gallwespen, die Eichenarten befallen, gehören die Eichenrosengalle, die Schwammkugelgalle, die Eichenlinsengalle, die Gemeine Eichengallwespe und die Eichenknoppern-Gallwespe.

- Japanische Eichen *(Cyclobalanopsis)* unterscheiden sich von den Eichen der Untergattung Quercus durch die verwachsenen Schuppenringe auf ihren Eicheln.

- Eine gelegentlich anzutreffende falsche Schreibung der Bur-Eichen *(Quercus macrocapara)* lautet Burr-Eichen.

- Eichenholz hat eine Dichte von etwa 0,75 g/cm^3.

- Die Kalifornische Schwarzeiche *(Quercus kelloggii)* ist in Kalifornien heimisch.

- Die *Quercus chrysolepis* wächst als Strauch oder Baum und kommt häufig in Canyons vor.

- Die Roteiche *(Quercus rubra)* wird auch Amerikanische Spitzeiche genannt.

- Die Färber-Eiche *(Quercus velutina)* wird auch Quercitron-Eiche genannt. Sie hat eine schwärzliche äußere Borke, während die Borke innen gelb ist.

- Das Wappen von Eigersund in Norwegen zeigt ein Eichenblatt.

- Die Insel-Eiche *(Quercus tomentella)* kann auf Inseln an-gebaut werden.

- Klettenfrüchtige Eiche *(Quercus macrocarpa)* ist ein an-derer Name für die Bur-Eiche (siehe oben).

- Schwarz-Eiche ist ein anderer Name für die Färber-Eiche (siehe oben).

- Die *Quercus robur* wird Stiel-Eiche, Sommereiche oder auch Deutsche Eiche genannt.

- Innerhalb der Gattung Quercus wird die Sektion Meso-balanus manchmal zur Sektion Quercus gezählt.

- Eichen wachsen sehr, sehr langsam. Allerdings wachsen einige Arten schneller als andere.

- Es gibt über 600 Eichenarten, obschon einige von ih-nen einander sehr ähnlich sind.

EIN KATALOG VON LÖFFELN

Absinthlöffel
Barlöffel
Bouillonlöffel
Cappuccinolöffel
Chinesischer Löffel
Cremesuppenlöffel
Dessertlöffel
Eierlöffel
Eiskaffeelöffel
Eiskremlöffel
Esslöffel
Fischsuppenlöffel
Französischer Soßenlöffel
Früchtelöffel
Gelee- oder Marmeladen-
   löffel
Göffel
Grapefruitlöffel
Gumbo-Löffel
Holzlöffel
Hornlöffel
Joghurtlöffel
Kaffeelöffel
Kaviarlöffel
Käselöffel
Kompottlöffel
Kurzstieliger Mokka-
   tässchenlöffel

Longdrinklöffel
Marklöffel
Melonenlöffel
Mokkalöffel
Ohrlöffel
Olivenlöffel
Orangenlöffel
Parfaitlöffel
Plastiklöffel
Reislöffel
Rührlöffel
Sahnelöffel
Salatlöffel
Salzlöffel
Schaumlöffel
Schöpflöffel
Senflöffel
Silberlöffel
Siruplöffel
Soßenlöffel
Spaghettilöffel
Suppenlöffel
Teelöffel
Teemaßlöffel
Teesieblöffel
Vanillesoßenlöffel
Vorlegelöffel
Zuckerlöffel

EINE PRÄZISE CHRONOLOGIE
DES DEVON-ZEITALTERS

Wenn wir über die erdgeschichtliche Periode des Devons so sprechen, als handelte es sich um eine einheitliche Epoche, besteht die Gefahr, dass wir es an der gebotenen Genauigkeit fehlen lassen. Die gesamte Periode umfasst rund 60 Millionen Jahre – von 419,2 Millionen Jahre vor der Gegenwart bis 358,9 Millionen Jahre vor der Gegenwart[2] (genauer gesagt, dauerte das Devon also insgesamt 60,3 Millionen Jahre)[3], und daher müssen wir sogfältig darauf bedacht sein, alle Unterteilungen der Periode beziehungsweise die Faunenstadien der Untergliederungen korrekt zu beschreiben.

Zunächst müssen wir das Devon in drei Abschnitte unterteilen: das Unterdevon, das Mitteldevon und das Oberdevon. Das Unterdevon dauerte von 419,2 Millionen Jahre vor der Gegenwart bis 393,3 Millionen Jahre vor der Gegenwart, also ganze 25,9 Millionen Jahre. Das Mitteldevon dauerte von 393,3 Millionen Jahre bis 382,7 Millionen Jahre vor der Gegenwart, also 10,6 Millionen Jahre. Das Oberdevon dauerte von 382,7 Millionen Jahre bis 358,9 Millionen Jahre vor der Gegenwart, also 23,8 Millionen Jahre.

---

2   Alle hier angegebenen Daten wurden von der International Commission on Stratigraphy bestätigt und sind zum Zeitpunkt der Niederschrift dieses Buches richtig.

3   Es sei allerdings darauf hingewiesen, dass alle hier angegebenen Daten möglicherweise um bis zu 3 Millionen Jahre unrichtig sind. Während diese Chronologie also bezüglich der gegenwärtig von der ICS bestätigten Daten präzise ist, sind diese Daten naturgemäß ungenau und unterliegen zukünftigen Berichtigungen.

Als Nächstes müssen wir jede dieser Perioden in kürzere Faunenphasen unterteilen. Das Unterdevon begann mit dem Lochkovium. Dieses dauerte von 419,2 bis 410,8 Millionen Jahre vor der Gegenwart, insgesamt also 8,4 Millionen Jahre. Ein Beispiel einer Art aus dieser Zeitstufe sind die Agnatha (Kieferlosen) aus dem Taxon Drepanaspis.

Auf das Lochkovium folgte das Pragium. Dieses dauerte bis 407,6 Millionen Jahre vor der Gegenwart und daher insgesamt 3,2 Millionen Jahre. Eine bedeutende Lagerstätte (eine Sedimentablagerung mit guterhaltenen Fossilien) des Pragiums ist der Rhynie Chert, wie er in schottischen Sedimentablagerungen zu finden ist.

Die dritte und letzte Faunenstufe des Unterdevons ist das Emsium. Dieses dauerte von 407,6 bis 393,3 Millionen Jahre vor der Gegenwart, also 14,3 Millionen Jahre. Ein Beispiel für eine Art aus dieser Zeit sind die Placodermi (Plattenhäuter) *Gemuendina*, die im ehemaligen Meergebiet an der Schiefergebirgsgruppe des Hunsrück in Deutschland vorkommen.

Das Mitteldevon hat nur zwei Faunenstufen, im Unterschied zu den drei Faunenstufen des Unterdevons. Die erste Faunenstufe war das Eifelium, das von 393,3 Millionen bis 387,7 Millionen Jahre vor der Gegenwart dauerte, also etwa 5,6 Millionen Jahre. Sie ist nach der Eifel, einem westdeutschen Mittelgebirge, benannt, wo der GSSP im Wetteldorfer Richtschnitt sichtbar ist. (Ein GSSP ist ein international anerkannter Referenzpunkt in einem stratigraphischen Profil, mit dessen Hilfe die Untergrenze einer Stufe der geologischen Zeitskala definiert werden kann.) Ein Beispiel für eine Art aus dem Eifelium sind Arthropoden (Gliederfüßer) aus dem Taxon Jaekelopterus.

Die zweite und letzte Faunenstufe des Mitteldevons ist das Givetium, das von 387,7 bis 382,7 Millionen Jahre vor der Gegenwart dauerte – also fünf Millionen Jahre. Eine typische Art dieser Periode sind Tetrapodomorpha aus dem Taxon Elpistostege. Dies sind Wirbeltiere, die den Tetrapoden ähnelten und in der ersten Faunenstufe des Oberdevons ausstarben.

Wie das Mitteldevon wird auch das Oberdevon in nur zwei Faunenstufen unterteilt (was bedeutet, dass es im gesamten Devon sieben Faunenstufen gab). Die erste Faunenstufe des Oberdevons war das Frasnium, das von 382,7 Millionen bis 372,2 Millionen Jahre vor der Gegenwart dauerte – also 10,5 Millionen Jahre. Eine interessante Spezies des Frasnium war ein Amphibium des Taxons Obruchevichthys, einer ausgestorbenen Tetrapoden-Gattung.

ZÄHLEN SIE EIN WEITERES MAL DIE SCHAFE

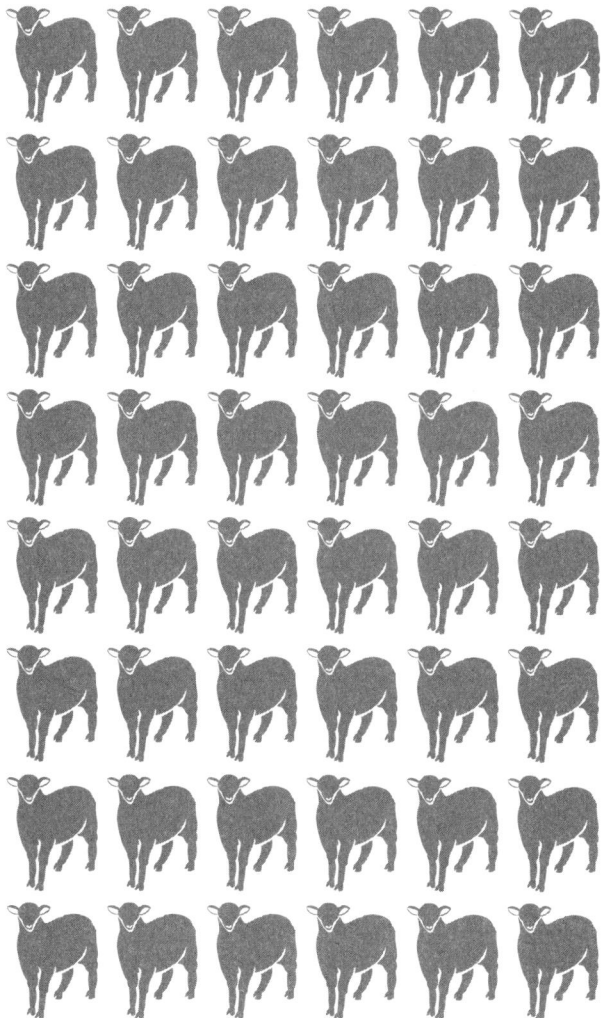

EINE LANGSAME ZUGFAHRT
DURCH NORWEGEN

Einige der unterhaltsamsten Momente in der Geschichte des Norwegischen Rundfunks ereigneten sich bei dessen Ausflügen in das Format des »Slow Television«. Die erste bahnbrechende Sendung dieses Genres war *Bergensbanen – minutt for minutt*, welche die siebenstündige Zugfahrt von Bergen nach Oslo in Echtzeit und in voller Länge zeigte. Gezeigt wurden auch die Halte des Zuges an einigen an der Strecke gelegenen Bahnhöfen wie Arna, Dale, Voss, Mjølfjell, Upsete, Myrdal, Hallingskeid, Finse, Haugastøl, Ustaoset, Geilo, Ål, Gol, Nesbyen, Flå, Hønefoss, Vikersund, Hokksund, Drammen und Asker. (Zusätzlich gibt es zahlreiche kleinere Bahnhöfe, die zwischen den oben genannten Haltestellen liegen.) Die Strecke hat eine Länge von 496 Kilometern. Der höchst gelegene Bahnhof ist Finse mit 1222 Meter über dem Meeresspiegel. Die Zuschauer konnten auch die Fahrt des Zuges durch die folgenden Tunnel miterleben: der Ulriken-Tunnel (7670 Meter) vor dem Bahnhof Arna, der Arnanipa-Tunnel (2190 Meter) zwischen Arna und der Tunestveidt-Kreuzung, der Takvam-Tunnel (251 Meter) und der Tunestveidt-Tunnel (61 Meter), die zwischen der Tunestveidt-Kreuzung und dem Bahnhof Takvam liegen, der wiederum vier Haltestellen vom Bahnhof Stanghelle entfernt ist, wobei die Bahnhöfe dazwischen Trengereid, Bogegrend und Vaksdal sind, weiters der Bolstad-Tunnel (110 Meter) und der Trollkona-Tunnel (8043 Meter), die zwischen dem Bahnhof Stanghelle und dem Bahnhof Bolstadøyri liegen, der

Røvstona-Tunnel (542 Meter), der zwischen dem Bahnhof
Bolstadøyri und dem Bahnhof Jørnevik liegt, und schließlich der Hærnes-Tunnel (3336 Meter), der Kattegjelet-Tun-
nel (529 Meter), der Kattegjel-Viadukt-Tunnel (19 Meter)
und der Lillevik-Tunnel (292 Meter) (die alle zwischen dem
Bahnhof Jørnevik und dem Bahnhof Evanger liegen, die
vor Mjølfjell auf der Strecke von Bergen nach Oslo kommen). Auf der Strecke gibt es insgesamt 182 Tunnel; wir
haben in dieser kurzen Zusammenfassung nur die nam-
haftesten erwähnt. Anschließend geht die Fahrt weiter
über das Hardangervidda-Plateau, wo es unbedeutendere
Tunnel gibt, obgleich der Zug zwischen den Bahnhöfen Gol
und Nesbyen die Svenkerud-Brücke über den Fluss Hal-
lingdalselva passiert.

Im Jahr 2010 strahlte der Norwegische Rundfunk einen
kürzeren, 28-minütigen Film mit dem Titel *Bybanen i Ber-
gen – minutt for minutt* aus, der die kürzere Fahrt mit der
Schmalspurbahn von Nesttun nach Bergen zeigte. Gezeigt
wurde die Fahrt in voller Länge, Minute für Minute, sowie
die Halte an den verschiedenen Bahnhöfen auf dem Weg.
Dazu gehörten einige der folgenden Bahnhöfe: Nesttun,
Nesttun senter, Skjoldskiftet, Mårdalen, Skjold, Lagunen,
Folldalstunnelen, Råstølen, Sandslivegen, Sandslimarka,
Kokstad, Birkelandskiftet Endstation, Kokstadflaten,
Kokstad depot und Bergen lufthavn, Flesland.

Es ist wichtig darauf hinzuweisen, dass die Strecke mittlerweile verlängert worden ist und dass jetzt von Byparken
aus eine durchgehende Fahrt möglich ist. Dabei kommt
man durch folgende Bahnhöfe und Tunnel: Nonneseteren,
Bystasjonen, Nygård, Florida, Nygårdbrücke, Danmarks
plass, Kronstad, Brann stadion, Wergeland, Fageråstunnel,

Sletten, Slettebakken, Slettebakkstunnel, Fantoft, Fantoft-tunnel, Paradis, Tveiteråstunnel, Hop und Nesttun (und von dort weiter über dieselben Bahnhöfe, die wir bereits erwähnt haben).

Ebenfalls im Jahr 2010 zeigte der Norwegische Rundfunk *Flåmsbana – minutt for minutt.* Dies war eine 58-minütige Liveübertragung der Fahrt auf der Flåm-Linie, einer 20,2 Kilometer langen Strecke, die von Myrdal nach Flåm am Sognefjord einen Höhenunterschied von 863 Meter überwindet. Wir haben bereits festgehalten, dass Myrdal an der Strecke nach Bergen liegt. Wenn man von dort aus startet, ist die Flåm-Linie eine Nebenstrecke. Von Myrdal ausgehend, heißen die Bahnhöfe und Tunnel Toppen øvre Tunnel (101 Meter), Toppen nedre Tunnel (80 Meter), Vatnahalsen, Reinunga, Vatnahalsen-Tunnel (889 Meter), Bakli-Tunnel (195 Meter), Kjosfossen, Kjosfoss-Tunnel (478 Meter), Nåli-Tunnel (1341,5 Meter) und Kårdal. Nach Kårdal kommt der Blomheller-Tunnel (1029 Meter), der zum Bahnhof Blomheller führt. Dann folgen zwischen Blomheller und Berekvam noch vier weitere Tunnel: Melhus-Tunnel (178 Meter), Melhusgjelet-Tunnel (11 Meter), Reppa-Tunnel (133 Meter) und Sjølskott-Tunnel (39 Meter).

SAURE GURKEN: EIN WELTALMANACH

- Eine saure Gurke ist eine Gurke, die in Salzlake, Essig oder eine andere Flüssigkeit eingelegt oder durch Milchsäurefermentation gesäuert worden ist.

- In den USA und Kanada wird eine saure Gurke manchmal einfach nur *pickle* genannt.

- Das Wort *pickle* bezeichnet im britischen Englisch im Allgemeinen keine saure Gurke.

- Essiggurken werden traditionell aus Antillengurken *(Cucumis anguria)* hergestellt, die eine kleinere Frucht haben als die Salatgurke *(Cucumis sativus)*.

- Saure Gurken werden mehrere Wochen lang entweder in Essig oder in Salzlake fermentiert.

- Frische Salatgurken oder Schnellgurken werden nicht fermentiert, sondern lediglich in einem rascheren Verfahren mit Essig und Salzlauge vermischt.

- Gekühlte und gefrorene Essiggurken werden nach dem oben beschriebenen Verfahren hergestellt, dann jedoch im Kühlschrank oder in der Gefriertruhe aufbewahrt.

- Im Polnischen heißt eine saure Gurke *ogórek kiszony/ogórki kiszone* oder *ogórek konserwowy*.

- Gurken, die in Salzlake eingelegt wurden, heißen saure Gurken.

- Gurken, die unter Zuckerbeigabe sauer eingelegt wurden, heißen süß-saure Gurken.

- Einige Historiker behaupten, die älteste saure Gurke gehe auf das Jahr 2400 v. Chr. zurück, während andere

Historiker von 2050 v. Chr. ausgehen. Je nachdem, wie man die Worte in den alten Aufzeichnungen übersetzt, sind sie vielleicht sogar bereits 4000 v. Chr. erstmals urkundlich erwähnt.

- Gurken, die in mit Dill gewürztem Essig eingelegt worden sind, heißen Dill-Gurken.

- Koschere Dill-Gurken sind nicht unbedingt koscher.

- Mit Estragon gewürzte saure Gurken heißen in Frankreich *cornichons*.

- In Deutschland heißen eingelegte Gurken auch Spreewaldgurken. Ungarische saure Gurken heißen *savanyú uborka* oder *kovászos uborka*.

DIE MORPHOLOGIE VON WURZELN
UND KNOLLEN AUS DEN ANDEN

In Südamerika werden mindestens 25 verschiedene Knollen- und Wurzelfrüchte angebaut, die zu 16 Pflanzengattungen und 15 Familien gehören, die wiederum eine Reihe von Einkeimblättrigen und Zweikeimblättrigen umfassen. Eine morphologische Herangehensweise an die Wurzel- und Knollenfrüchte der Anden ist nicht unbedingt eine einfache Aufgabe, da die verschiedenen Arten sich in vielerlei Hinsicht stark voneinander unterscheiden: So gehören sie zum Beispiel unterschiedlichen Pflanzenfamilien an, haben verschiedene Fortpflanzungsmethoden und chemische Zusammensetzungen. Dennoch teilen sie mehrheitlich ein gemeinsames Merkmal indem sie mehrjährige, unterirdisch wachsende Pflanzen sind, mit Ausnahme der zweijährigen Maca-Wurzel (siehe unten).

Die Wurzel- und Knollenfrüchte kommen überwiegend in drei phytogeographischen Zonen vor, die durch Höhenstufen definiert sind: das kühl-gemäßigte Hochland erstreckt sich in einer Höhenlage von 2500 bis 4000 Metern; zwischen 1000 und 2500 Metern treffen wir auf die subtropische Zone; in Tälern, die von den Bergen der Anden gesäumt werden, und von 4000 Metern bis zu den höchsten Punkten reichen, an denen Feldbau möglich ist (etwa 4500 Meter), finden wir die frostige, subarktische Puna.

Diese Wurzel- und Knollenfrüchte werden überwiegend in entlegenen ländlichen Gebieten angebaut, wo sie hauptsächlich zur Stärkegewinnung genutzt werden – oder wo lediglich ihre Blätter verwendet werden (die als Verpackungsmaterial eingesetzt werden, während die Wurzel oder die Knolle im Boden bleibt und dort verfault). Weniger als eine Million Anden-Bewohner ernähren sich von diesen Wurzel- und Knollenfrüchten, und es werden immer weniger. So haben etwa die meisten Bauern, die Ahipa (Andine Knollenbohne) oder Maca anbauten, mittlerweile aufgehört, diese Feldfrüchte zu kultivieren. Bevor wir die morphologischen Unterschiede und Übereinstimmungen zwischen den verschiedenen Spezies betrachten, geben wir nachfolgend einen kurzen Überblick über einige der Wurzel- und Knollengemüse.

Oka *(Oxalis tuberosa)* ist eine weithin angebaute Knollenfrucht. Sie kann weiß oder gräulich sein, enthält Aminosäuren, Ballaststoffe und Antioxidantien und kann für Eintöpfe oder Suppen verwendet werden. Sie ist recht geschmacklos und anfällig für Befall durch den Oka-Rüsselkäfer. Olluco *(Ullucus tuberosus)* ist ein weiteres Knollengewächs der Andenregion. Es kommt in verschiedenen Farben und Formen vor und enthält Eiweiß, Calcium und weitere Inhaltsstoffe. Die Olluco-Knolle kann man mehrere Stunden oder sogar Tage lang kochen, um einen recht geschmacklosen Eintopf oder eine recht geschmacklose Suppe zu erhalten. Eine weitere Knollenfrucht, Mashua *(Tropaeolum tuberosum)*, kann weiß oder farbig sein. Sie enthält Isothiocyanate (Glucosinolate) und kann mehrere Stunden oder auch mehrere Tage lang zu einem ziemlich faden Eintopf verkocht werden. Die Inkas nutzten sie zur Abschwächung des Sexualtriebes.

Yacón *(Smallanthus sonchifolius)* ist eine weitere Knollenfrucht der Andenregion. Sie hat eine weiße oder weißgraue Farbe, enthält Oligofructose und kann roh gegessen werden, auch wenn einige Einheimische es vorziehen, sie mehrere Tage lang zu kochen, bis sie zu einer faden Suppe oder einem langweiligen Eintopf geworden ist. Ahipa ist eine weitere Wurzelfrucht, die in bestimmten Situationen roh gegessen werden kann. Es ist eine Leguminosenwurzel, die von der Yambohne *(Pachyrhizus)* erzeugt wird und in ihren Samen, Stengeln und Blättern Alkaloide und Rotenon enthält, was insbesondere die Samen ungenießbar macht. Andenbewohner verzehren die nicht giftigen Pflanzenteile roh, verkochen die Knollen aber auch über mehrere Stunden zu einem Eintopf, der nach nichts schmeckt.

Maca ist das einzige Kreuzblütengewächs, das in der Andenregion domestiziert wurde. Die Knollen haben verschiedene Farben einschließlich Weiß und Weißgrau. Die Pflanze wächst überwiegend in unwirtlichen Umgebungen und enthält Glucosinolate. Die Knollen werden tage- oder stundenlang zu einer Reihe unterschiedlicher Suppen oder Eintöpfe verkocht, die eher fade und uninteressant sind. Arakacha *(Arracacia xanthorrhiza)* ist eine weitere Wurzelfrucht der Andenregion. Sie ist anfällig für Viren und sollte daher recht bald nach der Ernte verzehrt werden. Sie hat ein dichtes Fruchtfleisch, das dem Fleisch einiger anderer Knollen- und Wurzelfrüchte der Andenregion ähnelt. Sie kann längere Zeit gekocht oder Eintöpfen und Suppen beigefügt werden. Achira *(Canna edulis)*, die auch Essbare Canna oder Australische Pfeilwurz genannt wird, ist ein Rhizom mit großen Stärkekörnchen und mannigfaltiger Färbung. Die alten Peruaner nutzten sie als Grundnahrungsmittel; sie kochten sie tagelang, um daraus eine Suppe oder einen Eintopf herzustellen. Weitere morphologische Komplexitäten werden noch erforscht.

FINDEN SIE DAS VIERBLÄTTRIGE KLEEBLATT

LEBEN UND WERK DES
NEUPLATONIKERS PORPHYRIOS

Porphyrios wurde irgendwann zu Beginn des 3. Jahrhunderts in der phönizischen Stadt Tyros geboren. Ursprünglich hieß er Malkos, erst später erhielt er den Namen Porphyrios. In seinen Zwanzigern studierte er bei dem Mittelplatoniker Longinus und setzte anschließend seine Studien bei Plotin in Rom fort. Plotin und Porphyrios gelten teilweise beide, an anderen Stellen nur einer von beiden, als Begründer der Schule des Neoplatonismus. Porphyrios gab die *Enneaden* heraus, die gesammelten Werke Plotins, die aus sechs Büchern mit jeweils neun Abhandlungen bestehen. Außerdem schrieb er über 60 Werke, von denen viele verloren gegangen oder in Vergessenheit geraten sind. Drei der erhalten gebliebenen Manuskripte und Texte sind die *Sentenzen, die zum Intelligiblen führen* (auch bekannt unter ihrem lateinischen Namen *Sententiae* beziehungsweise *Sententiae ad intelligibilia ducentes*), die *Isagoge* (Einführung) und *An Gauros*.

Porphyrios' philosophische Anschauungen wurden auch von Longinos, Numenios und anderen Mittelplatonikern beeinflusst, wie die *Sententiae ad intelligibilia ducentes* zeigen. Sowohl Plotin als auch Porphyrios schrieben über die drei Hypostasen (verschiedene Seinsebenen). In dieser Betrachtungsweise ontologischer Fragen besteht ein Unterschied zwischen der Sinnenwelt, dem Intellekt und dem Intelligiblen, und der Mensch wird mit dem Intellekt und dem Intelligiblen gleichgesetzt.

Für Porphyrios umfasst die Hierarchie der Hypostasen

das Eine, das Denken und die Seele, in einem metaphysischen Bezugsrahmen, der weitgehend mit jenem metaphysischen Bezugsrahmen übereinstimmt, mit dem Leser der Werke von Plotin vertraut sein dürften. Einige Gelehrte haben Porphyrios' Begriff des Einen als eine Art unbeschreibbares Urprinzip interpretiert, das diesen von der Definition des Einen in den Werken Plotins unterscheidet. Aber wenn wir uns dieser Sichtweise anschließen, wird es schwerer, den Unterschied zwischen der ersten und der zweiten der drei Hypostasen zu definieren. Der Vorschlag, das unbeschreibliche Eine in dieser Weise zu interpretieren, erscheint daher einigermaßen »un-porphyrisch«.

Einige wenige Fragmente von *Ad Gedalium*, einem Kommentar von Porphyrios über die Werke des Aristoteles, sind erhalten geblieben, ebenso die *Isagoge*, die sich ebenfalls auf Aristoteles' Logik, Metaphysik und Epistemologie bezieht. Die *Isagoge* ist somit ein Schlüsselwerk in der Entwicklung des Neuplatonismus, insbesondere im Hinblick auf die Wechselwirkung zwischen Epistemologie und den drei Hypostasen.

Porphyrios' Schrift über Aristoteles unterscheidet sich von der Plotins in der Behauptung, die Einzeldinge (Partikularien) sollten als den Allgemeinbegriffen (Universalien) vorausgehend behandelt werden. Aristotelische Kategorien wie Substanz, Qualität und Quantität sollten entsprechend nicht primär in ontologischen Kategorien, sondern als Teil der Sinnenwelt betrachtet werden. Wissenschaftler, die Kommentare über das neuplatonische Denken verfasst haben, sind unterschiedlicher Auffassung bezüglich der Frage, welche Folgen dies für die zugrunde liegende Ontologie hat, aber sie sind sich tendenziell darin einig, dass das Reich der platonischen Ideen auf intelligible Universalien, wenn auch nicht immer direkt auf die Sinnenwelt, zurückgeführt werden kann.

Neben seinem interessanten und differenzierten Verhältnis zur Ontologie und Epistemologie von Aristoteles und Plotin schrieb Porphyrios einen Kommentar über das *Chaldäische Orakel*, einen aus dem 2. Jahrhundert stammenden religiösen Text, der sich bei einigen Neuplatonikern wie etwa Iamblichos einer hohen Wertschätzung erfreute. Dementsprechend erachtete der Neuplatonismus nach Iamblichos Religion, religiöse Riten und Theurgie als potenzielle Wege zur Rettung der Seele. Iamblichos (auch Iamblichos von Apameia oder Iamblichos von Chalkis genannt) war ein zeitgenössischer Neuplatoniker. Sein Werk *Protreptikos* ist bekannt dafür, dass es Werke des Anonymus Iamblichi überliefert, ein Name, der einem unbekannten Sophisten gegeben wurde, dessen Werke von Iamblichos im *Protreptikos* zitiert werden. Der Name Anonymus ist selbstverständlich mit Bedacht gewählt, um die Aufmerksamkeit auf die Tatsache zu lenken, dass er anonym ist.

Porphyrios war jedoch in einigen wichtigen Punkten der Glaubenslehre anderer Auffassung als Iamblichos; so kritisierte er insbesondere die Ansichten des Letzteren zur Theurgie. Auf diese Kritik antwortete Iamblichos in seinem Werk *De mysteriis Aegyptiorum*. Iamblichos stellte zudem das Eine an die Spitze einer Rangordnung der Hypostasen, wobei er dann noch ein zusätzliches, absolut transzendentes Eines diesem Einen überordnete und so statt einer Triade von Hypostasen eine vorläufige Dyade schuf.

ABFALLENTSORGUNG:
EINE GLOBALE ÜBERSICHT

- Die Anleitung für das Sortieren des Hausmülls zum Zweck der Wiederverwertung ist in Niihama City in Japan 21 Seiten lang.

- In Neuseeland wurde die »Abfallhierarchie«-Politik im Jahr 1996 durch den *Local Government Amendment Act (No 4)* in innerstaatlichem Recht verankert.

- Estland erreichte seine Zielvorgabe für den Prozentsatz der biologisch abbaubaren kommunalen Abfälle, die im Jahr 2013 auf Mülldeponien entsorgt werden sollten, früher als geplant im Jahr 2009.

- In Südafrika wurden im Jahr 1997 etwa 500 Millionen Tonnen Müll produziert.

- Dänemark verbrennt ungefähr 80 Prozent seines Haushaltsmülls.

- Die Abfallentsorgung in Portugal wurde als Verwaltungsaufgabe auf kommunale Behörden übertragen.

- Im Jahr 2013 wurde bekannt gegeben, dass Belgien das Land mit dem leistungsfähigsten Abfallentsorgungssystem in der ganzen EU ist.

- Die Abfallentsorgung in Liechtenstein wird im *Umweltschutzgesetz (USG) vom 29. Mai 2008* geregelt – vergleichbar dem schweizerischen *Bundesgesetz über den Umweltschutz*, in dem Grundstandards für den Umgang mit Abfällen und kontaminierten Grundstücken definiert werden.

- In Minnesota sind in der Rechtssatzung *MS s 115A.914* die technischen Standards festgelegt, die ein verantwortungsvoller Sammler von Gebrauchtreifen einzuhalten hat.

- In Vietnam wurde vom Ministerpräsidenten in dem *Beschluss Nr. 1929/QD-TTg* über die Ausrichtung der Entwicklung der Wasserversorgung in den Ballungsgebieten und Industrieparks Vietnams bis 2025 und dem Zukunftskonzept für 2050 das Ziel festgelegt, das Ausmaß des Wasserverlusts in namentlich genannten Städten bis 2025 auf weniger als 15 Prozent zu senken.

- In Lettland gibt es über 3000 gewerbliche Betriebe und Bildungseinrichtungen, die spezielle Sammelbehälter für verbrauchte Batterien zur Verfügung stellen.

- Das Abfallverwertungsprojekt in Barbados wird von der Solid Waste Project Unit der Regierung von Barbados in Zusammenarbeit mit dem Sustainable Barbados Recycling Centre (SBRC) geleitet.

- In Saudi-Arabien hat im Jahr 2015 jeder Einwohner pro Tag ungefähr 1,5 bis 1,8 Kilogramm Abfall produziert.

DIE ENTWICKLUNG DES AIRBAGS: SCHLÜSSELDATEN UND -EREIGNISSE

- **1952:** John W. Hetrick entwickelt die Idee des Airbags, nachdem er in einen Verkehrsunfall verwickelt war.

- **1953:** Hetrick erhält ein Patent auf »eine Sicherheits-polster-Baugruppe für Kraftfahrzeuge«.

- **1953:** Der deutsche Erfinder Walter Linderer erhält ein ähnliches Patent auf eine aufblasbare Vorrichtung als Aufprallschutz für Fahrer bei Verkehrsunfällen.

- **Ende der fünfziger Jahre:** Ford und General Motors beginnen mit experimentellen Arbeiten an Airbags.

- **1963:** Der japanische Erfinder Yasuzaburou Kobori entwirft ein zuverlässiges System zur Auslösung der blitzartigen Freisetzung von Druckluft.

- **1966:** Ford und Eaton, Yale & Towne versuchen beide, einen Airbag mit einem militärischen Sprengzünder auszulösen.

- **1967:** Entwicklung der ersten Aufprallsensoren mit einem Magnet-Kugelsystem.

- **1967:** Einführung von Airbags, in denen Natriumazid und andere Nicht-Sauerstoffgase verwendet werden.

- **Ende der sechziger Jahre:** Der Mechaniker Allen K. Breed erfindet einen zuverlässigen Aufprallsensor für 5 Dollar pro Stück.

- **1969:** US-Bundesgesetze schreiben »automatische Insassenschutzsysteme« für alle neuen Kraftfahrzeuge vor.

- **Anfang der siebziger Jahre:** Airbags werden in einigen Ford-, General-Motors- und Chrysler-Modellen sowie bei manchen europäischen Modellen als experimentelle Zusatzausstattung angeboten.

- **Siebziger Jahre:** Ford plant, Airbags in einer völlig neuen Produktionsserie zu verwenden, gibt den Plan dann aber auf.

- **1973:** Der Oldsmobile Toronado ist der erste PKW, der einen Beifahrerairbag anbietet.

- **1973:** General Motors installiert einen alternativen Airbag im Chevrolet Impala, aber die Modellreihe erweist sich als Fehlschlag, und das Unternehmen gibt seine Airbag-Pläne auf.

- **1974:** Buick, Cadillac und Oldsmobile bieten bei verschiedenen Modellen doppelte Airbags an.

- **1980:** Mercedes-Benz in Deutschland bietet den Airbag als Zusatzaustattung für sein Modell W126 an.

VERGLEICH DER FORTPFLANZUNGSRATEN
VON SCHADINSEKTEN

Landwirte und Ökologen gehören zu jenen Personen, die von einem umfassenden Verständnis der unterschiedlichen Fortpflanzungsraten von Schadinsekten profitieren können. Es gibt selbstverständlich zahlreiche Faktoren, die diese Fortpflanzungsraten beeinflussen können. Zu den dichteunabhängigen Faktoren gehören Wetterextreme, Feuchtigkeit und gelöster Sauerstoff für im Wasser lebende Schädlinge. Zu den dichteabhängigen Faktoren zählen übertragbare Krankheiten, populationsinterne Konkurrenz sowie Konkurrenz zwischen verschiedenen Populationen und Migration. Bei der Erforschung der Populationsdynamik müssen wir auch Faktoren wie Geburt, Sterblichkeit, Fortpflanzungserfolg und individuelles Wachstum mit einbeziehen. Außerdem müssen wir berücksichtigen, ob eine Art einen semelparen oder einen iteroparen Lebenszyklus hat. Eine iteropare Art kann sich im Laufe ihres Lebenszyklus mehrfach fortpflanzen, während eine semelpare Art dies nicht tut. Allerdings sind die beiden Kategorien nicht scharf voneinander zu trennen, da einige semelpare Arten theoretisch als teilweise iteropar klassifiziert werden können und umgekehrt – je nach Definition und Kontext.

Um die Fortpflanzungsraten verschiedener Arten miteinander zu vergleichen, verwenden wir Lebenstafeln, die solche Größen wie Geburt, Tod und Fortpflanzungsleistung erfassen. Wir können Lebenstafeln in verschiedenen Formen konzipieren: als Kohorten-Lebenstafeln, indem wir Daten über eine Gruppe gleichaltriger Individuen von ihrer Geburt bis zu ihrem Tod erheben; als eine statische Lebenstafel, basierend auf Daten, die an einer gesamten Population zu einem bestimmten Zeitpunkt erhoben werden; oder als abgewandelte Form einer Lebenstafel, die aus den Sterblichkeitsraten eines bestimmten Zeitraums erstellt wird.

Wenn wir eine Kohorten-Lebenstafel für eine iteropare Schadinsektenart erstellen, schätzen wir zunächst die Populationsgröße mit Hilfe von Methoden wie der Rückfangmethode ab, bei dieser werden zwei Stichproben der betreffenden Population zu verschiedenen Zeitpunkten eingefangen und miteinander verglichen, nachdem die erste Gruppe eingefangener Insekten markiert und dann wieder freigelassen worden ist. Dann erstellen wir eine Tafel, wobei wir mit Säulen für die Altersklassifikation der Individuen beginnen, und zwar mit der Anzahl der in einem bestimmten Alter noch lebenden Individuen (l_x) – wir können dann die verbleibenden Säulen für eine Reihe von Berechnungen nutzen, die die Prozentsätze der Individuen betreffen, die in bestimmten Stadien des Lebenszyklus der Spezies noch am Leben sind beziehungsweise die nicht mehr leben.

So würden beispielsweise die anschließenden Säulen für eine Lebenstafel einer Mottenschildlauspopulation Folgendes betreffen: Anteil der ursprünglichen Stichprobe, der während jedes Stadiums stirbt (d_x), die Sterblichkeitsrate (q_x), in jedem Stadium produzierte Eier (F_x), Eier, die in jedem Stadium pro überlebendes Individuum produziert werden (m_x), und Eier, die in jedem Stadium pro ursprüngliches Individuum produziert werden ($l_x m_x$).

Nachdem wir diese Tafel erstellt haben, können wir eine

Reihe von Berechnungen über die erwartete Sterblichkeit der ursprünglichen Individuen, über die überlebenden Individuen sowie über die Fortpflanzungsrate einzelner Mitglieder der Population und der Population als Ganzes durchführen. So können wir beispielsweise die Lebenserwartung mit Hilfe dieser Methode berechnen. Für den durchschnittlichen Prozentsatz D_x von Individuen, die in jedem Stadium x noch am Leben sind, addieren wir l_x zu l_{x+1} und dividieren dann die Summe der beiden Zahlen durch 2. Die Gesamtzahl T_x der zukünftigen Stadien, von denen wir erwarten, dass Individuen sie im Alter von x erleben, ist folglich $l_x + l_{x+1} + l_{x+2}$ ... Und daraus können wir die Lebenserwartung e_x berechnen, indem wir die letztere Summe durch l_x dividieren.

Angenommen, wir kennen die Anzahl der Eier, die in jedem Stadium produziert werden (F_x), und die Anzahl der überlebenden Individuen (a_x), dann können wir als Nächstes die Anzahl der Eier berechnen, die pro überlebendem Individuum der Ursprungspopulation (m_x) produziert werden, indem wir Erstere durch Letztere dividieren. Nun kommen wir zu dem entscheidenden Teil der Berechnungen, der Basisfortpflanzungsrate oder Ersetzungsrate einer Population (R_o). Es sollte klar sein, dass jede Messung von $l_x m_x$ lediglich eine Berechnung nach folgender Formel ist: Anzahl der Eltern erster Generation im Alter x, dividiert durch die Anzahl der Eier der ersten Generation, multipliziert mit der Anzahl der Eier der zweiten Generation, die von Eltern mit dem Alter x produziert werden, dividiert durch die Anzahl der Eltern der ersten Generation mit dem Alter x. Wir bilden also einfach die Summe der $l_x m_x$-Elemente, um R_o zu bestimmen.

EINE GESCHICHTE DER FRÜHEN TEPPICHHERSTELLUNG IN DEN VEREINIGTEN STAATEN VON AMERIKA

- Die erste Fabrik für Webteppiche wurde 1791 in Philadelphia eröffnet.

- Weitere Teppichfabriken wurden zu Beginn des 19. Jahrhunderts eröffnet.

- Im Jahr 1839 erfand Erastus Bigelow einen mechanischen Webstuhl für das Teppichweben. Er wird Bigelow-Webstuhl genannt.

- Alexander Smith eröffnete im Jahr 1845 im Bundesstaat New York eine Teppichfabrik.

- Die Technik der Jacquardmusterung wurde erstmals 1849 in mechanischen Webstühlen angewandt.

- Der modifizierte Brüsseler Webstuhl wurde anschließend zur Herstellung des Wilton-Teppichs verwendet.

- Die Bigelow Carpet Company ging 1864 aus einer Fusion der Hartford Carpet Company und der Clinton Company hervor.

- Im Jahr 1876 fusionierte Halcyon Skinner, der eine Methode zur Herstellung des Royal-Axminster-Teppichs entwickelt hatte, sein Unternehmen mit demjenigen von Alexander Smith zu Alexander Smith & Sons.

- Erastus Bigelow (siehen oben) produzierte im Jahr 1877 auch den ersten überbreiten (broadloom) Teppich, und er machte viele weitere Erfindungen auf dem Gebiet der Teppichherstellung.

- Im Jahr 1878 nahm die Shuttleworth Brothers Company den Betrieb im Bundesstaat New York auf.

- Im späten 19. Jahrhundert wurde die Herstellung getufteter Teppiche zu einem Heimgewerbe in der Region Dalton, Georgia. Am Ende des Jahrhunderts arbeiteten über 10 000 Tufters in der Region.

- Im Jahr 1900 verkaufte Catherine Evans Whitener ihre erste handgefertigte Überdecke, die zum Teil von den getufteten Teppichen der Region Dalton inspiriert war, für 2,50 Dollar. Sie sollte viele weitere verkaufen.

- Im Jahr 1905 stellte die Shuttleworth Brothers Company einen neuen Teppich vor, den Karnak Wilton.

- Im Jahr 1920 entstand Mohawk Carpet Mills aus der Fusion der Shuttleworth Brothers Company und McCleary, Wallin and Crouse, zwei Teppichherstellern aus derselben Region.

DER JAMBISCHE FÜNFHEBER
UND EINIGE ANDERE VERSMASSE

Die Prosodie ist die Lehre von den Reim- und Lautmustern in der Dichtkunst. Das Versmaß einer Gedichtzeile ist die grundlegende rhythmische Struktur eines Verses oder der Zeilen in einem Gedicht. Der jambische Fünfheber, das gebräuchlichste Versmaß in der englischen Dichtkunst, ist eine Zeile mit fünf Versfüßen (ein Fuß ist eine kleinere Silbengruppe). Ein Jambus ist ein bestimmter Typ von Versfuß, bei dem auf eine unbetonte Silbe eine betonte Silbe folgt, sodass eine Zeile, die sich aus fünf Jamben zusammensetzt, aus naheliegenden Gründen jambischer Fünfheber genannt wird.

In anderen europäischen Sprachen werden ähnliche Muster verwendet, mit der Abwandlung, dass die einzige konstant betonte Silbe diejenige ist, die am Ende des Verses kommt. Diese Art von Versmaß heißt qualitatives Versmaß, im Gegensatz zum quantitativen Versmaß, in dem es mehr auf das Silbengewicht als auf die Anzahl der Silben ankommt. In der lateinischen und griechischen Dichtkunst der klassischen Epoche bestand der daktylische Hexameter aus sechs Füßen, wobei jeder davon entweder ein Spondeus oder ein Daktylus ist (der Unterschied liegt darin, ob die Silben im Fuß lang oder kurz sind, nicht darin, ob sie betont oder unbetont sind). Im Sanskrit und im klassischen Arabisch waren ähnliche Versmaße gebräuchlich.

Sprachen ohne starke Betonungen, wie etwa Chinesisch und Französisch, benutzen tendenziell Versmaße, die sich stärker an der Anzahl der Silben orientieren. In Frankreich ist der Alexandriner gebräuchlich – er setzt sich aus zwei Halbversen *(hémistiches)* mit jeweils sechs Silben zusammen, ergänzt durch eine Zäsur, oder auch durch eine Worttrennung, in der Mitte. Der Alexandriner ist in der französischen Lyrik nicht ganz so weit verbreitet wie der jambische Fünfheber in der englischen Versdichtung. So haben zum Beispiel altfranzösische Dichter oftmals den Zehn- *(décasyllabe)* und den Achtsilber *(octosyllabe)* verwendet, während neuzeitliche Dichter mit dem Muster des Halbverses zu experimentieren begannen. Es ist wichtig, sich vor Augen zu halten, dass manche Versmaße nicht leicht zu identifizieren sind. Das vedische Versmaß und das Sanskrit-Versmaß beispielsweise nutzen ebenfalls Füße, aber es ist nicht immer möglich, einen Fuß von einer Zeile zu unterscheiden: im syllabischen Versprinzip des Sanskrit *(akṣaravṛtta)* sind die Versmaße durch die Anzahl der Silben in einem Vers definiert, während die Versmaße im syllabo-quantitativen Versmaß *(varṇavṛtta)* auf eine andere Weise von der Silbenanzahl abhängen. In der griechischen und lateinischen Dichtkunst war neben dem daktylischen Hexameter auch der daktylische Pentameter ein wichtiges Versmaß, das in der Form eines elegischen Distichons auftreten konnte. In der äolischen Lyrik wurde der hendekasyllabische Vers (mit 11 Silben) oftmals mit großer Wirkung eingesetzt.

In der spanischen Poesie muss der Gebrauch dichterischer Freiheiten, der dazu führt, dass die Anzahl der Silben in einem Vers schwankt, berücksichtigt werden, insbesondere der Einsatz von Synärese, Diärese, Synaloiphe und Hiatus. Die häufigsten Versmaße im Spanischen sind der Septenar (ein siebensilbiger Vers), der Oktosyllabus (ein achtsilbiger Vers), der Hendekasyllabus (ein elfsilbiger Vers) und der Alexandriner. Man beachte, dass der Alexandriner in der französischen und englischen Lyrik ein zwölfsilbiger Vers ist, der in zwei Halbverse gegliedert ist, während er in der spanischen Dichtkunst ein in zwei Halbverse geteilter Vierzehnsilber ist.

In der italienischen Lyrik verändern sich die Definitionen einmal mehr, da der Sprachrhythmus den Gebrauch eines Paroxytonons begünstigt, bei dem die Betonung auf der vorletzten Silbe liegt. Folglich hat ein Septenar (der im Spanischen selbstverständlich sieben Silben enthält) eine Betonung auf der sechsten Silbe, könnte aber auch sechs, sieben oder acht Silben enthalten (die italienische Lyrik meidet überwiegend den Gebrauch des Novenario, des Neunsilbers).

In der portugiesischen Dichtkunst gibt es weitere Komplikationen. Ein *redondilha menor* besteht aus fünf Silben, während ein *redondilha maior* aus sieben Silben besteht, wie in einem traditionellen Septenar. Der *decassílabo* entspricht einem Zehnsilber. Der *dodecassílabo* (Zwölfsilber) besteht aus 12 Silben und kann ebenfalls die Form eines Alexandriners annehmen, in dem die beiden Halbverse jeweils 6 Silben enthalten. Die portugiesische Dichtkunst nutzt außerdem den *bárbaro* (Vers aus 13 oder mehr Silben) und den *lucasiano*, der dem Alexandriner ähnelt, aber aus 16 Silben besteht, die auf zwei Halbverse mit jeweils 8 Silben aufgeteilt sind.

LINSEN FÜR DIE GESUNDE ERNÄHRUNG

Linsen sind eine Nahrungsquelle, die einen hohen Eiweißgehalt mit einer Vielzahl weiterer gesundheitsfördernder Wirkungen kombiniert. Sie sind reich an lebenswichtigen Aminosäuren wie Isoleucin und Lysin. Außerdem enthalten ausgekeimte Linsen die Aminosäuren Methionin und Cystein. Sie sind zudem reich an Mineralien und Vitaminen sowie an Ballaststoffen. Sie bestehen bis zu 25 Prozent aus Kohlenhydraten. Sie enthalten außerdem Vitamin B1, Folsäure, Molybdän, Eisen, Tryptophan, Mangan, Phosphor, Kupfer und Kalium sowie eine ganze Reihe von sekundären Pflanzenstoffen und Phenolen. Betrachten wir jetzt einmal genauer einige ihrer gesundheitsfördernden Wirkungen.

Ein Aspekt unseres Lebensstils, den Linsen positiv beeinflussen können, ist die Herzgesundheit. Selbstverständlich genügen Linsen allein nicht, um den gesundheitlichen Zustand in dieser Hinsicht auf ein gutes Level zu bringen. Weitere wichtige Tipps zur Verhaltensänderung wären: als Raucher mit dem Rauchen aufhören, körperlich aktiv sein, ein gesundes Gewicht halten oder dieses anstreben, den Verzehr gesättigter Fette verringern, sich ausgewogen – mit viel Obst und Gemüse – ernähren, weniger Salz zu sich nehmen, um hohem Blutdruck vorzubeugen, und das Fleisch durch Fisch ersetzen (sofern Fleisch überhaupt auf Ihrem Speiseplan steht).

Die Hauptgefahren, die Ihnen drohen, wenn Sie Ihre Herzgesundheit vernachlässigen, sind koronare Herzkrankheit, Herzversagen und Herzinfarkt. Die Symptome dieser Erkrankungen unterscheiden sich geringfügig voneinander. Zu den Symptomen der koronaren Herzkrankheit gehören Brustenge, Kurzatmigkeit, Herzklopfen, Herzrasen, Benommenheit, Übelkeit und Schwitzen. Zu den Symptomen eines Herzinfarkts gehören Unwohlsein oder Schmerzen in der Brust, unter dem Brustbein oder im Arm (dieser Schmerz kann sich auch auf Rücken, Kiefer, Hals oder Hände ausbreiten), Magenverstimmung oder Sodbrennen, Schwitzen, Übelkeit, Benommenheitsgefühle, Schwäche und Angst sowie Herzrasen oder unregelmäßige Herzschläge. Wenn Sie Anzeichen eines Herzinfarkts bei sich feststellen, sollten Sie schnellstmöglich einen Arzt aufsuchen. Zu den Symptomen einer Herzrhythmusstörung (eines abnormalen Herzrhythmus) gehören zudem Herzklopfen, Pochen in der Brust, Schwindel, Ohnmacht, Kurzatmigkeit, Brustbeschwerden und Erschöpfung.

Selbstverständlich ist Erschöpfung nicht unbedingt ein Symptom einer Herzerkrankung, sodass man unbedingt auch andere Ursachen dafür in Betracht ziehen und auf die Folgen der Erschöpfung achten sollte. Erschöpfung kann zu chronischer Schläfrigkeit, Kopfschmerzen, Muskelkater, Reaktionsverzögerung, Fehlentscheidungen, schlechter Hand-Auge-Koordination, Appetitverlust, Reizbarkeit, verschwommener Sicht, Gedächtnisverlust, Halluzinationen, Konzentrationsstörungen, geringer Motivation, Lustlosigkeit, Lebensüberdruss, Abgespanntheit, Langeweile, Trägheit, zur Schwierigkeit, die Augen offen zu halten, Verwirrung, Unsicherheit, Ungeschicklichkeit, Muskelschwäche und vielen weiteren Problemen führen.

Welche anderen Ursachen kommen demnach für Ihre Erschöpfung in Frage? Einige mögliche Ursachen sind:

Zöliakie, also eine Lebensmittelunverträglichkeit, die dazu führt, dass das in Torten, Kuchen, Weizen, Bier, Brot, Knabbergebäck, Scones, vielen Gebäcksorten, Nudeln, Brötchen und anderen Nahrungsmitteln enthaltene Gluten unseren Körper schädigt; Anämie, verursacht durch Eisenmangel, ist ein Problem, das etwa fünf Prozent der Männer und weitaus häufiger Frauen betrifft und das mit Müdigkeit, Abgeschlagenheit und einem Gefühl der Schwere verbunden ist; chronisches Erschöpfungssyndrom (myalgische Enzephalomyelitis oder ME), eine die Lebensqualität stark einschränkende Erkrankung, die Monate oder gar Jahre dauern kann und die Muskelschmerzen, Gliederschmerzen, Drüsenentzündungen, Müdigkeit, Migräne, Halsschmerzen und eine Reihe weiterer Symptome verursacht; Schlafapnoe, bei der sich der Rachen während des Schlafs kurzzeitig schließt, wodurch die Atmung unterbrochen wird und die betreffende Person aufwacht; eine Schilddrüsenunterfunktion, was bedeutet, dass man an einem Mangel des Schilddrüsenhormons Thyroxin leidet, der sich in Müdigkeit, Gewichtszunahme, Muskelschmerzen und Trägheit äußert; Diabetes, eine chronische Erkrankung, die mit einem Bluttest diagnostiziert werden kann und die durch einen stark erhöhten Blutzuckerspiegel verursacht wird und daher eine Umstellung der Ernährung und des Lebensstils erfordert; Pfeiffersches Drüsenfieber, das eine Virusinfektion ist, die zunächst Fieber, geschwollene Lymphdrüsen und Halsschmerzen verursacht und 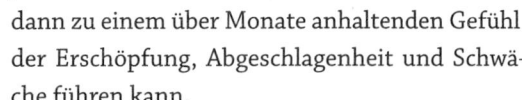 dann zu einem über Monate anhaltenden Gefühl der Erschöpfung, Abgeschlagenheit und Schwäche führen kann.

WIE AUS STEINEN KIESEL WERDEN

- Kieselsteine sind ein besonderer Typus von geologischer Formation und Erscheinung, der über einen längeren Zeitraum entsteht.

- Im Meer werden verschiedene Gesteinsarten nach und nach erodiert, bis sie elliptisch, gerundet oder flacher als normale Gesteine sind.

- Die Achse, um die ein Kieselstein am leichtesten rotieren kann, legt fest, wie er durch den Prozess der Erosion im Lauf der Zeit geformt wird. So werden zum Beispiel ursprünglich ellipsenförmige Steine im Lauf der Zeit noch elliptischer, weil sie durch Strömungen und Wellengang im Meer umhergewirbelt werden und dabei einzelne Kieselsteine gegen andere Kieselsteine schlagen.

- Die typische Größe eines Kieselsteins liegt zwischen 2,5 und 45 Millimetern, aber einige Kieselsteine sind auch 10 bis 15 Zentimeter groß.

- Kieselsteine haben unterschiedliche Farben, die von einem durchscheinenden Weiß bis zu Schwarz, und zu Gelb-, Braun-, Rot- und Grüntönen reichen.

- Im Meer vorkommende Kieselsteine beliebiger Größe sind in der Regel ellipsenförmig und können auch wie Eier aussehen.

- Nicht-ellipsenförmige Kieselsteine sind vielfach flach oder kugelförmig.

- Ein kugelförmiger Kieselstein rollt leichter durch bewegte Wasserkörper als ein ellipsenförmiger oder flacher Kieselstein.

- Kieselsteine sind selten quadratisch, weil ihre Ecken durch Erosion abgetragen werden.

- Meereskieselsteine finden sich an den Stränden der meisten Ozeane und Meere und auch im Landesinnern – dort, wo sich Meere von einem Landgebiet zurückgezogen haben.

- Die Küsten des Pazifischen Ozeans haben einige besonders mächtige Kiesstrände, aber es gibt auch Kiesstrände in Nordeuropa (insbesondere im Europäischen Nordmeer), um Australien, Indonesien und Japan herum sowie in anderen Weltregionen.

- Kieselsteine enstehen zudem in Flüssen, Seen und Teichen im Landesinnern, wo sie auch als Binnengewässerkiesel oder Flusskiesel bezeichnet werden.

- Die Glätte und Farbe von Flusskieseln hängt von einer Reihe von Faktoren ab, einschließlich der Gesteinsart, des Flussbettbodens und der Strömungsgeschwindigkeit.

- Flusströmungen sind nicht so stark wie Ozeanwellen, sodass Flusskiesel für gewöhnlich nicht so glatt sind wie Strandkiesel (auch wenn einige Flusskiesel von Strömungen ins Meer getragen werden, wo sie zu Meereskieseln werden).

- In *Poimandres: Die Vision* schrieb der hermetische Schriftsteller Hermes Trismegistos: »Denn der Schlaf des Körpers war zur Nüchternheit der Seele geworden und das Schließen der Augen zum wahren Sehen.«

- Napoleon Bonaparte empfahl sechs Stunden Schlaf pro Tag für einen Mann, sieben für eine Frau und acht für einen Narren. Er wurde schließlich entmachtet und in die Verbannung geschickt.

- Leonardo da Vinci war ein mehrphasiger Schläfer, das heißt, er schlief in kurzen, regelmäßigen Intervallen.

- In dem hippokratischen Text *Die Diät* (5. Jahrhundert v. Chr.) wird behauptet, ein tägliches Nickerchen am Nachmittag sei der Gesundheit förderlich.

- Kaiser Karl der Große machte nachmittags gern ein mehrstündiges Nickerchen.

- Der Nationale Verband der Freunde der Siesta veranstaltet in Spanien Meisterschaften zur Feier ihres schlafwandelnden Erbes.

- Der antike Arzt Galen war der Auffassung, man könne Krankheiten anhand von Träumen diagnostizieren, die er als »Sehen-im-Schlaf« *(enhypnion)* bezeichnete. So behauptete er zum Beispiel, wenn man von einer Feuersbrunst träume, könne dies auf ein Problem mit der gelben Galle hindeuten.

- Rufus von Ephesos schrieb ebenfalls über die Bedeutung von Träumen bei der medizinischen Diagnose, ebenso wie – angeblich – der antike griechische Schriftsteller Herophilos.

- Hippokratische Ärzte konzentrierten sich ebenfalls auf den Zusammenhang von Träumen und Gesundheitszustand des Patienten. Allerdings interessierten sie sich mehr dafür, wie häufig die Träume auftraten als für ihren Inhalt.

- In den neunziger Jahren führte der Psychiater Thomas Wehr eine Studie durch, in der er Probanden einen Monat lang 14 Stunden täglich völliger Dunkelheit aussetzte.

- Bis zum 17. oder 18. Jahrhundert, als die elektrische Beleuchtung und eine Zunahme des Konsums von Koffein unseren Lebensstil veränderten, hatten viele Menschen zwei Schlafphasen pro Tag statt nur einer nächtlichen Phase. Man nennt dies biphasischen Schlaf.

- Im Traumkult des Asklepios verbrachten Pilger, die der Heilung oder spirituellen Anleitung bedurften, eine Nacht schlafend im Tempel des Asklepios und erzählten anschließend dem Priester, wovon sie geträumt hatten.

DIE ENTFERNUNG ZWISCHEN GALAXIEN

Zur Messung der Entfernung zwischen Galaxien wenden Astronomen viele unterschiedliche Methoden an. Bedenken Sie zunächst, dass wir zwar oftmals über Lichtjahre sprechen, die Astronomen selbst jedoch den Fachterminus Parsec bevorzugen, das 3,26 Lichtjahren beziehungsweise, um genauer zu sein, der Entfernung entspricht, aus welcher 1 Astronomische Einheit unter einem Winkel von einer Bogensekunde erscheint. Zur Benennung größerer Entfernungen können wir Kiloparsec (kpc) oder Megaparsec (mpc) verwenden. Die Milchstraße hat einen Durchmesser von etwa 100 000 Lichtjahren oder 30 Kiloparsec – das Sonnensystem ist etwa 8 Kiloparsec vom Zentrum der Galaxie entfernt.

Bei der Berechnung größerer Entfernungen wie etwa denjenigen zwischen einzelnen Galaxien machen sich Astronomen eine Vielzahl von Methoden zunutze. Zum Beispiel: Parallaxen, Eigenbewegungen, sich bewegende Sternenhaufen, interstellare Linien, die Absorptionslinien im Spektrum nutzen, das Abstandsgesetz (wonach die Teilchenflussdichte eines leuchtenden Objekts mit dem Quadrat seiner Entfernung abnimmt), die Perioden-Leuchtkraft-Beziehung (die von der Tatsache abhängt, dass für regelmäßig pulsierende Sterne die Periode einer Oszillation mit ihrer Leuchtkraft zusammenhängt) oder Methoden wie der Einsatz von Radioteleskopen zur Beobachtung der Wellenlänge von neutralem Wasserstoffgas oder Kohlenmonoxid.

Nachdem sie eine ganze Reihe dieser Methoden angewandt hatten, gelangten Astronomen zu dem Schluss, dass die Canis-Major-Zwerggalaxie, deren Status als Galaxie selbstverständlich umstritten ist, ungefähr 0,008 Megaparsec von der Erde entfernt ist. Jenseits davon treffen wir nach ungefähr 0,024 Megaparsec auf die kugelförmige Sagittarius-Zwerggalaxie. Die Ursa-Major-II-Zwerggalaxie ist 25 Prozent weiter entfernt, nämlich 0,03 Megaparsec, während die Große Magellansche Wolke 0,05 Megaparsec entfernt ist. Als Nächstes erreichen wir die Boötes-I-Galaxie, die 0,06 Megaparsec entfernt ist, obgleich wir, wenn wir »als Nächstes« sagen, damit die nächste in der Liste ferner Galaxien meinen, da diese Galaxien nicht alle in derselben Richtung liegen. Tatsächlich liegen die meisten von ihnen in völlig verschiedenen Richtungen, sodass es sich kaum einrichten ließe, auf einem Erkundungsflug mehr als eine von ihnen zu besuchen.

Die Kleine Magellansche Wolke ist 0,063 Megaparsec entfernt, desgleichen die Ursa-Minor-Zwerggalaxie. (Übrigens sind auch Zwerggalaxien noch immer sehr groß, wenn auch nicht so groß wie Galaxien, die nicht so genannt werden.) Dann besteht eine größere Entfernung zu einem anderen Zwerg, der Draco-Zwerggalaxie, die 0,079 Megaparsec entfernt ist, dann NGC 2419, die sich in einer Entfernung von 0,084 Megaparsec befindet. Die sphäroidale Sextans-Zwerggalaxie ist 0,086 Megaparsec entfernt. Die Sculptor-Zwerggalaxie ist 0,088 Megaparsec weit weg, und die nächste Galaxie ist 0,1 Megaparsec entfernt – dies ist die Ursa-Major-Zwerggalaxie. In der gleichen Entfernung von der Erde, aber in einer anderen Richtung, finden wir die Carina-Zwerggalaxie, und als Nächstes kommt in 0,14 Megaparsec Entfernung die Fornax-Zwerggalaxie.

Zwischen dieser Entfernung und einer Entfernung von einem halben Megaparsec finden wir die folgenden Galaxien: die Leo-II-Zwerggalaxie (0,21 Megaparsec), die Leo-I-Zwerggalaxie (0,25 Megaparsec), die Leo-T-Zwerggalaxie (0,42 Megaparsec) und die Barnards Galaxie (0,5 Megaparsec). Bedenken Sie, dass ein halbes Megaparsec über anderthalb Millionen Lichtjahren entspricht; dies bedeutet, dass das Licht, das wir heute auf der Erde von der Barnards Galaxie sehen, anderthalb Millionen Jahre unterwegs gewesen ist. Wenn wir dorthin fliegen wollten, würde dies selbstverständlich viel länger dauern, da wir nicht mit – auch nur annähernder – Lichtgeschwindigkeit reisen können.

Jenseits eines halben Megaparsec nimmt die Anzahl der Galaxien zu, die lediglich mit einer Folge von Buchstaben und Ziffern bezeichnet wurden, weil Astronomen, offen gesagt, bezüglich der Nomenklatur nicht besonders einfallsreich sind. So liegt etwa MGC 1 (die entweder als Kugelsternhaufen oder als eine Galaxie klassifiziert werden kann) in einer Entfernung von 0,61 Megaparsec, NGC 185 ist 0,62 Megaparsec entfernt, Andromeda II (dieser Name ist nicht neu, denn wie wir unten sehen werden, werden auch andere Galaxien Andromeda genannt) ist 0,65 Megaparsec entfernt, IC 10 liegt bei 0,67 Megaparsec, NGC 147 bei 0,68 Megaparsec und IC 1613 bei 0,72 Megaparsec. Weiter geht es mit Andromeda I, Andromeda III und den Cetus-Zwerggalaxien …

DIE CAESAR-VERSCHLÜSSELUNG

Die Caesar-Verschlüsselung ist ein frühes Beispiel für einen Code oder ein Verschlüsselungsverfahren, das angeblich von Julius Caesar erfunden wurde, der es zur Verschlüsselung seiner geheimen Nachrichten angewandt haben soll. Sie beruht auf einem sehr einfachen Prinzip, das darin besteht, jeden Buchstaben der Klartextbotschaft durch einen Buchstaben zu ersetzen, der im Alphabet eine bestimmte Anzahl von Buchstaben auf den ersteren folgt. Aus diesem Grund ist das Verfahren auch ein Beispiel für eine Ersetzungsverschlüsselung. Verschlüsselt man zum Beispiel die Nachricht »Franz jagt im komplett verwahrlosten Taxi quer durch Bayern« mit einer rot1-Verschiebung (das bedeutet, dass man jeden Buchstaben um eine Stelle im Alphabet nach rechts verschiebt), erhält man folgenden Chiffretext: »Gsboa kbhu jn lpnqmfuu wfsxbismptufo Ubyj rvfs evsdi Cbzfso«, oder, wenn man es vorzieht, die Nachrichten in Gruppen aus drei Buchstaben anzuordnen und die Großbuchstaben wegzulassen, um die Nachricht etwas schwerer entschlüsselbar zu machen: »sbo akb huj nlp nqm fuu wfs xbi smp tuf oby jrv fse vsd ibz fso«. Bei Anwendung einer rot2-Verschiebung statt einer rot1-Verschiebung würde die gleiche Nachricht verschlüsselt als »Htcpb lciv ko mqorngvv xgtycjtnquvgp Vczk swgt fwtej Dcagtp«. Bei einer rot3-Verschiebung würde er verschlüsselt als »Iudqc mdjw lp nrpsohww yhuzdkuorvwhq Wdal txhu gxufk Edbhuq«.

Übrigens ist der Satz »Franz jagt im komplett verwahrlosten Taxi quer durch Bayern« ein Beispiel für ein Pangramm, also einen Satz oder einen Textabschnitt, der jeden Buchstaben des Alphabets enthält (abgesehen von den Umlauten und dem ß); aus diesem Grund eignet er sich gut zur Veranschaulichung der Caesar-Verschlüsselung. Einige andere Beispiele kurzer Pangramme sind: »Sylvia wagt quick den Jux bei Pforzheim«, »Bei jedem klugen Wort von Sokrates rief Xanthippe zynisch: Quatsch!«, »Zwölf laxe Typen qualmen verdächtig süße Objekte«, »Typisch fiese Kater würden Vögel bloß zum Jux quälen«, »Falsches Üben von Xylophonmusik quält jeden größeren Zwerg«, »Vom Ödipuskomplex maßlos gequält, übt Wilfried zyklisches Jodeln«. Eine Variation des Pangramms ist das selbstdokumentierende oder selbstbeschreibende Pangramm, das seine eigenen Buchstaben zählt. So enthält zum Beispiel der Satz »Dieser Satz besteht aus acht A, sechs B, sechs C, sieben D, fünfundvierzig E, acht F, vier G, neun H, fünfundzwanzig I, einem J, einem K, zwei L, elf M, achtundzwanzig N, einem O, einem P, einem Q, sieben R, dreizehn S, sieben T, sieben U, fünf V, vier W, einem X, einem Y, zehn Z, einem Ä, einem Ö, vier Ü und einem ß« sämtliche Buchstaben des deutschen Alphabets, und listet überdies die jeweilige Anzahl der im Satz enthaltenen Buchstaben in zutreffender Weise auf. (Mathematisch betrachtet, lassen sich selbstdokumentierende Pangramme auf das Erfüllbarkeitsproblem der Aussagenlogik zurückführen: Dies wurde mit Hilfe von Hardwarebeschreibungssprache und der Zeitin-Transformation bewiesen.) Selbstdokumentierende Pangramme beschreiben zudem ihren eigenen Inhalt. Wenn wir den obenstehenden Satz nehmen und einer rot4-Caesar-Verschiebung unterziehen, erhalten wir folgenden Satz: »Hmiwiv Wexd fiwxilx eyw eglx E, wiglw F, wiglw G, wmifir H, jyirjyrhzmivdmk I, eglx J, zmiv K, riyr L, jyirjyrhdaerdmk M, imriq N, imriq O, daim P, ipj Q, eglxyrhdaerdmk R, imriq S, imriq T, imriq U, wmifir V, hvimdilr W, wmifir X, wmifir Y, jyirj Z, zmiv A, imriq B, imriq C, dilr D, imriq EI, imriq SI, zmiv YI yrh imriq WD.« Dies unterstreicht ein bedeutendes und ernstes Problem mit der Caesar-Verschlüsselung von Pangrammen: Der ursprüngliche Satz verwendet die Buchstaben des Alphabets in einer leicht durchschaubaren Abfolge, was es allzu leicht macht, zu erraten, welche Verschiebung in dem Ersetzungsschlüssel verwendet wurde. Allerdings ist das Problem nicht unüberwindlich. Eine Lösung bestünde darin, den Satz anders zu verschlüsseln, indem man das Inventar der Buchstaben wieder in die richtige Reihenfolge bringt: »Hmiwiv Wexd fiwxilx eyw zmiv A, imriq B, imriq C, dilr D, eglx E, wiglw F, wiglw G, wmifir H, jyirjyrhzmivdmk I, eglx J, zmiv K, riyr L, jyirjyrhdaerdmk M, imriq N, imriq O, daim P, ipj Q, eglxyrhdaerdmk R, imriq S, imriq T, imriq U, wmifir V, hvimdilr W, wmifir X, wmifir Y, jyirj Z, imriq EI, imriq SI, zmiv YI yrh imriq WD.« Wenn wir dies entschlüsseln, ist die Botschaft leicht verstümmelt: »Dieser Satz besteht aus vier W, einem X, einem Y, zehn Z, acht A, sechs B, sechs C, sieben D, fünfundvierzig E, acht F, vier G, neun H, fünfundzwanzig I, einem J, einem K, zwei L, elf M, achtundzwanzig N, einem O, einem P, einem Q, sieben R, dreizehn S, sieben T, sieben U, fünf V, einem Ä, einem Ö, vier Ü und einem ß.« Aber dies ist nach wie vor ein selbstdokumentierendes Pangramm, und es wäre für den Empfänger der Nachricht ein Leichtes, das Inventar der Buchstaben wieder in die richtige Reihenfolge zu bringen.

HISTORISCHE ANEKDOTEN
ZUR GESCHICHTE DER HARLEKINADE

- Die Harlekinade hat ihren Ursprung in der Legende um die »wilde Jagd der Herlekin-Leute«, in England als »Wild Hunt« und in Frankreich als »Mesnie Herlequin« bekannt.

- In der Silvesternacht des Jahres 1091 berichtete ein Priester namens Gauchelin, eine wilde Reiterschar habe ihn aufgeschreckt; dabei könnte es sich um ein frühes Beispiel einer Harlekinade gehandelt haben.

- Die Harlekinade wird möglicherweise im mittelalterlichen Theaterstück *Jeu de la Feuillée* von Adam de la Halle erwähnt; dort nimmt die Figur des Morgue Bezug auf seinen Herrn Hellequin.

- Die Figur des Arlecchino, die in italienischen Masken auftritt und die mit der Bergamasca (einem traditionellen bäuerlichen Tanz, dessen Name auf die Stadt Bergamo zurückgeht) in Zusammenhang steht, ist ein weiterer möglicher Vorläufer des Harlekins.

- Die abscheulichen Gaunereien der Harlekin-Figuren werden auch im *Recueil Fossard* erwähnt, einer Sammlung von Kupferstichen, auf denen Festlichkeiten am Hof von König Ludwig XIV. dargestellt sind.

- Harlekin der Possenreißer wird in der *Histoire plaisante des faicts et gestes de Harlequin commedien italien, contenant ses songes et visions, etc.*, zwei französischen Gedichten aus dem Jahr 1585, erwähnt.

- Der frühe Clown Tristano Martinelli ließ sich auch Arlechinus oder Dominus Arlechinorum rufen.

- Die witzigen Sprüche eines anderen Harlekins, Giuseppe Domenico Biancolelli, auch Dominique genannt, wurden von C. Cotolendi in einem Buch namens *Arlequiniana* gesammelt.

- In dem Theaterstück *Arlequin lingère du Palais* tritt die Figur des Harlequin in einem Kostüm auf, das halb der Tracht einer Waschfrau und halb dem Gewand eines Limonadenverkäufers nachempfunden ist.

- Der böhmische Schauspieler Jean-Gaspard Deburau nahm die Rolle des Harlekin am Théâtre des Funambules erst an, nachdem Felix, der die Figur zuvor verkörpert hatte, ihm erlaubte, die Rolle zu übernehmen.

- Im Jahr 1847 besetzte Paul Legrand im Théâtre des Funambules die Rolle des Pierrot. Gemeinsam mit seinem bekannten Kollegen Champfleury führte er ein Element makabrer Bedrohlichkeit in die Rolle des Harlekins ein.

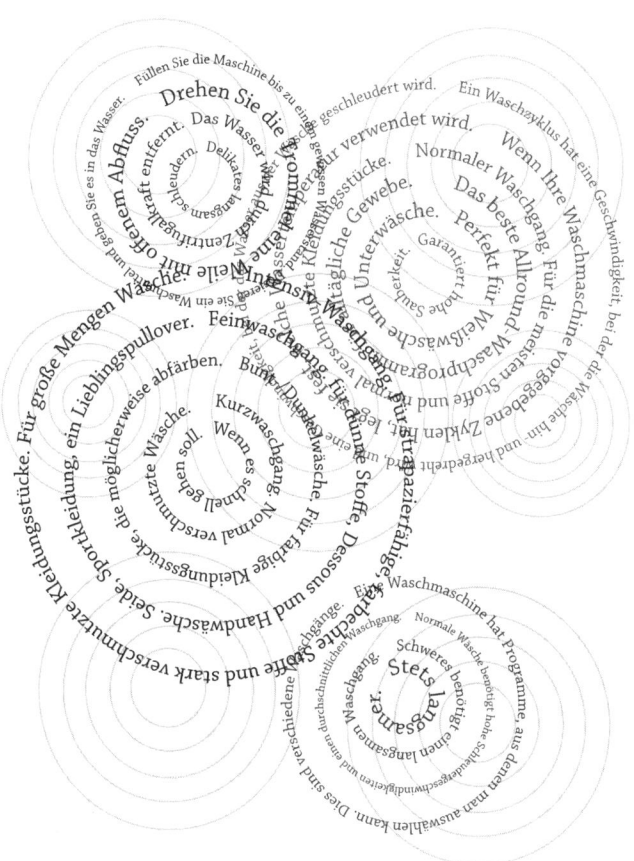

DAS PARADOXON DES HIRSEKORNS

Ein wenig bekanntes Paradoxon des Philosophen Zenon von Elea ist das Paradoxon der fallenden Hirse. In seiner einfachsten Form lautet dieses Paradoxon: Wenn man ein einzelnes Hirsekorn auf den Boden fallen lässt, macht es kein Geräusch, lässt man dagegen tausend Hirsekörner auf den Boden fallen, machen sie ein Geräusch. Daraus folgt: Wenn man tausend Nichtse addiert, erhält man Etwas, was jedoch widersinnig erscheint. Aristoteles versuchte, dies durch den Hinweis zu widerlegen, dass »es keinen Grund gibt, weshalb jedes derartige Teil in einem beliebigen Zeitraum nicht nicht imstande sein sollte, die Luft zu bewegen, welche der ganze Scheffel im Fallen bewegt ... tatsächlich bewegt es von sich aus nicht einmal eine solche Menge der Luft, die es bewegen würde, wenn dieses Teil für sich wäre, denn kein Teil existiert überhaupt anders als der Möglichkeit nach«. Andere haben darauf hingewiesen, dass dies ein im Grunde parmenidisches Argument ist, denn statt die Situation als solche zu erkennen, schlägt Aristoteles weiterhin die Möglichkeit vor, dass sich viele Nichtse zu Etwas addieren. Wir dagegen sollten uns aber viele nicht hörbare Dinge vorstellen, die sich zu einem hörbaren Etwas summieren, was etwas geringfügig anderes ist. Dies erinnert an das Werk *The Analyst* von Bischof Berkeley, in dem er die Infinitesimalrechnung mit nicht unähnlichen Argumenten, die man als »zenoesque« betrachten könnte, zu widerlegen suchte. Berkeley betrachtet die Inkremente (kleinster quantifizierbarer Zuwachs einer Größe), die wir im exakten Moment der Berechnung einer Differenzialrechnung verwerfen. Er behauptet, dies sei eine »irreführende Vorgehensweise bis zu einem gewissen Punkt der Supposition eines Inkrements, worauf man dann auf einmal seine Supposition auf diejenige ohne Inkrement verändert … Denn wenn diese zweite Supposition vor der üblichen Division durch [das Inkrement] gemacht worden wäre, hätte alles auf der Stelle den Wert Null angenommen, und diese Supposition hätte gar nichts gebracht. Durch diesen Kunstgriff aber, zuerst zu dividieren und dann die Supposition zu ändern, behält man jedoch 1 und nx^{n-1}. Doch ungeachtet der ganzen Geschicklichkeit, die darauf verwendet wurde, sie zu verschleiern, ist der Trugschluss noch immer der gleiche.« Anschließend verwirft Berkeley Newtons Begriff der »Fluxionen« (Differenziale), die selbstverständlich eine Art Inkrement sind: »Und was sind diese Fluxionen? Die Geschwindigkeiten infinitesimaler Inkremente? Und was sind die gleichen infinitesimalen Inkremente? Sie sind weder endliche Größen noch unendlich kleine Größen noch nichts. Können wir sie nicht geradezu die Geister verstorbener Größen nennen?«

Was das Paradoxon des Hirsekorns betrifft, so sind die mit den Fluxionen oder Inkrementen in Bischof Berkeleys Analyse der Infinitesimalrechnung vergleichbaren Elemente die einzelnen Hirsekörner, und die Frage lautet, ob sie zum Zeitpunkt des Fallens wirklich existieren oder ob sie so unbedeutend sind, dass sie als nicht-existierend betrachtet werden sollten, zumindest was die Qualität der Geräuscherzeugung und der Hörbarkeit angeht. Innerhalb moderner begrifflicher Bezugsrahmen haben wir keinen logischen Einwand gegen die Vorstellung, dass viele infinitesimale Elemente sich zu Etwas summieren, was an sich beschrieben werden könnte als viele Nichtse, die sich zu Etwas summieren (oder als viele infinitesimale Etwasse, die sich zu einem nicht-infinitesimalen Etwas summieren, wenn wir es ganz genau nehmen wollen). Betrachten wir eine andere physikalische Qualität, die Qualität des Gewichts: Hat ein Hirsekorn ein Gewicht? Wenn ein Hirsekorn auf unseren Kopf gelegt wird, werden wir es vielleicht nicht wahrnehmen können, aber wenn uns eine 2 Kilogramm schwere Packung Hirse vom, die Straße runter gelegenen, Bio-Supermarkt auf den Kopf gelegt wird, werden wir dies mit Sicherheit spüren. Eine Begründung dafür könnte lauten, dass jedes Hirsekorn tatsächlich etwas wiegt, sein Gewicht aber unterhalb unserer Wahrnehmungsschwelle liegt.

Um den Sinn von Fluxionen, Inkrementen und der Addition von vielen Nichtsen zu Etwas zu verstehen, müssen wir uns vorstellen, dass wir ein einzelnes Hirsekorn in eine unendliche Anzahl von Einzelstücken teilen können, die jetzt tatsächlich nichts wiegen. Granularität (Körnigkeit) ist hier ein wichtiges Konzept, ebenso wie die Kardinalität (Mächtigkeit) der rationalen Zahlen und die gesonderte Kardinalität der reellen Zahlen, was selbstverständlich die gesonderte Frage der Kontinuumshypothese und ihrer Beweisbarkeit oder Nicht-Beweisbarkeit aufwirft. Aber wir müssen nicht jedes Element der Cantorschen transfiniten Zahlen verstehen, um nachzuweisen, dass ein unendlich viele Male geteiltes einzelnes Hirsekorn unendlich klein ist.

WIE SIE EINE WAND FLIESEN:
SCHRITT FÜR SCHRITT

Das Fliesen einer Wand ist eine Herausforderung für jeden Heimwerker. Daher müssen Sie sich gründlich darauf vorbereiten und bei der Ausführung mit großer Sorgfalt vorgehen. Zunächst müssen Sie die Oberfläche vorbereiten, die Sie zu fliesen gedenken. Wie Sie an diese Aufgabe herangehen, ist davon abhängig, welche Art von Wand Sie fliesen. Vielleicht ist die Wand gestrichen, womöglich befinden sich bereits Fliesen an ihr, oder sie ist mit Gips verputzt, hat eine Betonoberfläche, einen festgeklebten PVC-Belag oder einen lockeren PVC-Belag, eine fest angebrachte oder lockere Keramik-Verkleidung, oder eine (lockere oder fest angebrachte) Holzvertäfelung.

Jede dieser Situationen erfordert geringfügig veränderte Maßnahmen. Das allgemeine Ziel besteht darin, eine Wandoberfläche zu schaffen, an der Fliesen und Fliesenkleber haften, ohne abzufallen. Zunächst müssen Sie jegliche früheren Verkleidungen, die sich möglicherweise an der Wand befinden, entfernen, egal, ob es sich um lockeres oder fest angebrachtes PVC, lockere oder fest angebrachte Tapete, festen oder lockeren Beton, oder lockeren Putz, oder eine fest oder locker angebrachte Holzvertäfelung handelt. Dies müssen Sie für den gesamten Bereich tun, den Sie fliesen wollen, nicht nur für einen Teil des Bereichs, der gefliest wird. Sie müssen dafür sorgen, dass Sie schließlich einen Bereich trockener Mauer haben, der frei von Wandverkleidungen wie etwa PVC, Holz, lockerem Putz oder alten Fliesen ist. Versuchen Sie nicht, neue

Fliesen auf alten Wandverkleidungen anzubringen; fliesen Sie vor allem nicht auf alten Fliesen. Sobald Sie sämtliche Verkleidungen von der Wand entfernt haben, müssen Sie die Oberfläche sorgfältig – Zoll für Zoll – überprüfen, um sicherzustellen, dass sie optimal präpariert ist.

Sie benötigen eine glatte, trockene Oberfläche ohne Löcher, Risse, Vorsprünge oder vorstehende Teile. Unter Umständen müssen Sie Sandpapier benutzen, um eine wirklich trockene und glatte Oberfläche zu erhalten, an welcher der Kleber haften bleibt. Wenn alte Farbreste auf der Wandfläche zurückbleiben, müssen Sie eventuell ein Abbeizmittel anwenden, um diese zu entfernen. Falls sich noch Tapetenreste an der Wand befinden, müssen Sie womöglich einen chemischen oder mechanischen Tapetenablöser einsetzen. Reinigen Sie zum Schluss die Wand und stellen Sie sicher, dass sie trocken, glatt, nicht staubbedeckt und gut präpariert für die bevorstehende Aufgabe ist. Eventuell müssen Sie zu einem bestimmten Zeitpunkt vorübergehend ein Holzbord anbringen, um die untere Fliesenreihe damit abzustützen, es kann aber auch sein, dass das nicht nötig ist: Das hängt ganz von der Situation ab, mit der Sie sich konfrontiert sehen. Vermessen Sie die Wand sorgfältig und ermitteln Sie die Größe des Bereichs, den Sie fliesen wollen.

Jetzt sind Sie bereit für den Fliesenkauf. Stellen Sie sicher, dass Sie entweder ausreichend Bargeld bei sich haben oder über einen Zugang zu einem Zahlungsmittel verfügen. Finden Sie jetzt heraus, wo es eine gute Einkaufsmöglichkeit für Fliesen gibt, und entscheiden Sie insbesondere, ob Sie diese in einem Geschäft oder online besorgen wollen. Es ist vermutlich sinnvoll, die Fliesen physisch zu prüfen. Auch wenn man den Kauf online tätigen will, ist es daher eine gute Idee, ein Geschäft aufzusuchen und sich die Marke und das besondere Design der Fliesen mit eigenen Augen anzusehen. Am besten Sie erstellen zu diesem Zweck zunächst eine Liste aller Geschäfte in Ihrer Gegend (und etwas weiter weg), die Fliesen im Angebot haben – das erleichtert Ihnen die Auswahl.

Anschließend recherchieren Sie. Fragen Sie Freunde und Verwandte, ob sie jemals Fliesen gekauft haben. Suchen Sie online nach Bewertungen der Geschäfte und bestimmter Marken für Fliesen. Auf Basis dieser Recherchen sollten Sie von der ursprünglichen Liste etwa drei oder vier Geschäfte in die engere Wahl nehmen. Als Nächstes sollten Sie diese auf möglichst effiziente Weise aufsuchen. Ermitteln Sie die Standorte der Läden, die Sie in die engere Wahl genommen haben, auf einer topographischen Karte (entweder einer physischen Straßenkarte oder einer Online-Karte). Jetzt geht es darum, die effizienteste Route herauszufinden. Die beste mathematische Methode dafür ist der Algorithmus von Dijkstra, der den kürzesten Pfad zwischen Orten ermittelt. Dazu muss man die Standorte der ausgewählten Geschäfte als Quellknoten in einen Graphen einzeichnen. Wählen Sie Ihr Haus oder Ihre Wohnung als Startknoten. Wenn Sie den Dijkstra-Algorithmus anwenden, weist er jedem der Knoten des Graphen anfängliche Entfernungswerte zu, die er dann allmählich zu verbessern sucht. Sie müssen eine Menge mit all den Knoten des Graphen erstellen, die Sie noch nicht besucht haben. Nennen Sie diese Menge »Menge der unbesuchten Knoten«. Die anfängliche Entfernung, die Sie zu spezifischen Knoten messen, ist die »vorläufige Entfernung«, und sie ist hilfreich, wenn es darum geht, Ihre ideale Route zu berechnen.

EINE SAMMLUNG HISTORISCHER
LANDWIRTSCHAFTLICHER UND
WIRTSCHAFTLICHER DATEN

- Die Fischereiflotte von Great Yarmouth hat zwischen 1598 und 1604 annähernd 3000 Lasten (entspricht 36 000 Barrels) Hering gepökelt und verpackt.

- In den Ernteaufzeichnungen des großen Landguts bei Fowlmere in Cambridgeshire wird nicht erwähnt, dass zwischen 1682 und 1692 Kartoffeln angebaut worden wären.

- Aufgrund des Niedergangs der Sardinenindustrie an der Südwestküste Irlands belief sich die Wertschöpfung der Kenmare-Fischereiwirtschaft in den Jahren 1683–84 auf nur noch 10 Prozent ihrer Wertschöpfung von 1630.

- Im Jahr 1750 gab es in Schweden 94 265 freie Bauernhöfe (Höfe im Eigentum der sie bewirtschaftenden Bauern).

- In einem Brief an die Zeitschrift *American Farmer* behauptete John Prince im Jahr 1822, bei sorgfältiger Bewirtschaftung solle es möglich sein, 500 bis 700 Scheffel Karotten pro Morgen zu ernten.

- Der erste landwirtschaftliche Zensus in Belgien fand am 15. Oktober 1846 statt.

- In der Mitte des 19. Jahrhunderts waren nur drei Prozent des Bodens in Peru landwirtschaftlich nutzbar.

- Im Jahr 1850 kam in Russland durchschnittlich annähernd ein Pferd auf jeweils vier Menschen im gesamten Land – die genaue Zahl war 0,271 Pferd pro Person.

- In den Jahren 1870–72 belief sich das landwirtschaftliche Handelsdefizit in Deutschland auf 0,7 Prozent des Nettoinlandsprodukts.

- Im Jahr 1911 wurden in Griechenland 168 000 Hektar Land für den Weinanbau genutzt.

- Im Jahr 1920 wurden in Lettland 123,8 Hektar landwirtschaftliche Nutzfläche für den Anbau von Gerste eingesetzt.

- In Japan fiel der Preis von Reis von 55 Yen pro *koku* im Januar 1920 auf 25,5 Yen pro *koku* nur 14 Monate später.

- Im Jahr 1961 gab es in Griechenland 24 533 Traktoren.

- Im Jahr 1970 gab es in Australien 180 Millionen Schafe.

- Im Jahr 1976 wurden in Kanada 696 454 Hektar Land für den Anbau von Raps genutzt, während auf 815 422 Hektar Leinsamen angebaut wurde.

SCHLAF:
EIN KURZER LEITFADEN FÜR REISENDE

- »*Estou com muito sono*« im Portugiesischen bedeutet »Ich fühle mich sehr müde« im Deutschen.

- »*Aš negaliu atidaryti akių*« ist Litauisch für »Ich kann die Augen nicht mehr offen halten«.

- »*Jeg må ta en lur*« ist Norwegisch für »Ich muss ein Nickerchen machen«.

- »*Mto huu ni vizuri sana*« ist Swahili für »dieses Kissen ist sehr bequem«.

- Wenn Sie in Haiti sind und sagen wollen »Entschuldigung, ich bin so müde« lautet die haitianisch-kreolische Version »*Eskize m. Mwen se konsa fatige*«.

- Die niederländische Entsprechung zu »Schlaf gut« lautet »*slaap lekker*« beziehungsweise, förmlicher, »*welterusten*«.

- Das Katalanische »*no us despertin al matí*« bedeutet »bitte wecken Sie mich nicht am Morgen«.

- »*Rydw i'n diflannu*« ist Walisisch für »Ich schlummere ein«.

- Französisch »*tout est silencieux et immobile*« bedeutet »alles ist ruhig und still«.

- »Lasst uns schön träumen« heißt auf Spanisch »*déjanos tener hermosos sueños*«.

- Im Italienischen sagt man nicht »schlafen wie ein Murmeltier«, sondern »schlafen wie ein Siebenschläfer«: »*dormire come un ghiro*«.

- »*Svi su zaspali*« bedeutet im Bosnischen »alle schlafen«.

- »*Alvás*« ist Ungarisch für »Schlaf«.

- »*Profunda, profunda sonĝema dormo*« in Esperanto bedeutet »tiefer, tiefer traumloser Schlaf«.

- Im Britischen Englisch (nicht aber im Amerikanischen Englisch) bedeutet »*lie-in*« morgens im Bett liegen bleiben (ausschlafen). In den USA verwendet man dafür den Ausdruck »*sleeping in*«.

- »*Weariness and lassitude*« ist Englisch für »Müdigkeit und Mattigkeit«.

- »Ich glaube, ich lege mich jetzt kurz aufs Ohr« heißt auf Korsisch »*Credu chì trovu un ghjucatu*«.

- »*Tœmd og þreyttur*« ist Isländisch für »erschöpft und abgespannt«.

- Wenn man im Polnischen »schmackhaft« schläft (»*smacznie spać*«), dann bedeutet dies, dass man selig schläft.

- »*Den som sover syndar icke*« ist ein schwedisches Sprichwort, das »wer schläft, sündigt nicht« bedeutet.

DIE VIELFÄLTIGEN ANWENDUNGEN
VON BIFOKALGLÄSERN

Mehrstärkengläser sind Gläser, die zwei oder mehr Bereiche mit verschiedenen Linsenstärken enthalten. Dies soll den Brillenträger in die Lage versetzen, Objekte in unterschiedlichen Entfernungen scharf zu sehen, je nachdem, durch welches Segment des Glases er blickt.

Die Erkrankung, die zu einer verminderten Fähigkeit des Auges führt, auf Objekte scharf zu stellen, wird Alterssichtigkeit (Presbyopie) genannt. Menschen, die von Alterssichtigkeit betroffen sind, bekommen im Allgemeinen unterschiedliche Typen von Zweistärkengläsern verschrieben, je nachdem, an welchen Stellen beim Fokussieren sie Hilfe benötigen. Ein gängiger Typ von Bifokalglas ist das D-Segment-Bifokalglas (mit halbmondförmigem Nahsichtfeld), das auch D-Seg-Glas oder Straight-Top-Glas genannt wird. Weitere Typen von Bifokalgläsern sind Zweistärkengläser mit rundem Nahsegment: Franklin- bzw. Executive-Bifokalgläser, die manchmal auch Franklin-Bifokalgläser genannt werden.

Bifokalgläser setzen sich aus zwei Linsen mit unterschiedlicher Stärke zusammen. Einen komplexeren Aufbau weist das Trifokalglas auf, das aus drei Linsen besteht. Progressive Multifokalgläser (Gleitsichtgläser) sind Gläser, deren Stärke sich vom oberen zum unteren Glasteil allmählich verändert. Da sie eine große Bandbreite spezifischer Linsenstärken enthalten, werden sie Mehrstärkengläser genannt. Erwachsenen, die über 42 Jahre alt sind, werden in der Regel Multifokalbrillen verschrieben. Allerdings gibt es einige spezifische Erkrankungen, die dazu führen, dass auch jüngere Menschen Bifokalbrillen benötigen. Zu diesen Erkrankungen gehören Augenkoordinations- oder Fokussierungsprobleme, die bei dem Betroffenen zum Beispiel beim Lesen oder beim Betrachten naher, kleiner Objekte eine Art Augenbelastung verursachen. Bei diesen Arten von Funktionsstörungen hilft der untere Abschnitt des Bifokalglases dem Brillenträger, Objekte in seiner Nähe schärfer zu sehen. Bifokalgläser sind grundsätzlich so konstruiert, dass der schmale untere Bereich der Linse beim Nahsehen (dem Sehen von Gegenständen, die sich in der Nähe befinden) hilft, während das obere Linsenfeld dem Fernsehen dient.

Das Linsensegment, das für die Nahsichtkorrektur verwendet wird, kann unterschiedlich geformt sein. Es kann halbmondförmig, kreisförmig, gewölbt halbkreisförmig oder rechteckig sein, und es kann auch die gesamte untere Hälfte eines Bifokalglases einnehmen, unabhängig von der Form des Glases; in diesem Fall spricht man auch von Franklin-, Executive- oder E-Design. Der Nahsichtbereich des Glases ermöglicht dann ein besonders scharfes Sehen, wenn ein Objekt (zum Beispiel ein Buch) maximal rund 50 cm von den Augen des Betrachters entfernt ist.

Das Design von Bifokalgläsern hat einen wichtigen Einfluss auf ihre Funktionsweise. Die Linie, die das Nahsehfeld des Glases von dem Fernsehfeld trennt, befindet sich im Allgemeinen ungefähr auf halber Höhe des Glases, sodass sich das Nahfeld in der unteren Hälfte des Glases befindet. Um durch das Nahsegment zu sehen, muss man also leicht nach unten blicken.

Neben den bifokalen Standardgläsern gibt es auch speziell designte Bifokalgläser für bestimmte Tätigkeiten oder Aufgaben. Manche Golfspieler nutzen sonderangefertigte Bifokalbrillen mit einem speziellen Design der Gläser, das ihnen hilft, beim Golfspielen stets klar zu sehen. Die Doppel-D-Linse ist ein Glas mit zwei halbmondförmigen Segmenten zum Nahsehen. Eines der halbmondförmigen Segmente befindet sich im oberen Bereich der Linse, während das andere in den unteren Bereich der Linse eingesetzt ist. Der Mittelpunkt der Doppel-D-Linse entspricht der gewöhnlichen oberen Hälfte eines Bifokalglases, da sie für das Fernsehen ausgelegt ist. Die Doppel-D-Multifokalbrille wird von Menschen verwendet, die nahe Objekte klar sehen müssen, und zwar sowohl wenn sie leicht nach oben als auch wenn sie leicht nach unten blicken. Die Doppel-D-Linse ist entweder eine Trifokal- oder eine Bifokallinse, je nachdem, wie man bifokal und trifokal definiert, und abhängig davon, ob die beiden halbmondförmigen Nahsichtsegmente auf die gleiche Stärke kalibriert sind. Die Doppel-D-Multifokallinse kann beispielsweise von KFZ-Mechanikern verwendet werden, die bei der Arbeit an Kraftfahrzeugen auf einer Rampe nach unten, manchmal aber auch nach oben blicken müssen, oder auch von Bibliothekaren, die ein Buch lesen oder auf hohen Regalen nachsehen müssen. Eine weitere Trifokallinse für speziellen Bedarf ist eine Multifokallinse mit dem Namen E-D-Trifokallinse.

EINE ÜBERSICHT ÜBER NÄHSTICHE

Absteppstich: eine Stichart für Säume und Kanten

Anfangsriegelstich: Rückwärtsstich

Blindsaumstich: siehe Hohlsaumstich

Blindstich: siehe Hohlsaumstich

Deckstich: eine Art von Maschinenstich

Doppelsteppstich: eine Art von Maschinenstich

Doppelstretchstich: eine Art von Maschinenstich

Doppelter Überwendlingsstich: siehe Überwendlingsstich

Dreifachstretchstich: eine Art von Maschinenstich

Dreifachüberwendlingsstich: siehe Überwendlingsstich

Einfass- oder Festonstich: wird bei Decken verwendet

Flachriegelstich: siehe Riegelstich

Flachstich: eine Art von Maschinenstich

Flachstich: eine Art von Handstickereistich

Französischer Knoten: eine Art von Handstickstich

Gerad- oder Geradeausstich: eine Art von Maschinenstich

Geradstich mit der Nadel weit links: eine Variante des Geradstichs

Heftstich: ein schneller, behelfsmäßiger Stich, der später entfernt wird

Hohlsaumstich: ein Zierstich für Säume

Kettelstich: ein Flachschlingenstich

Kettenstich: eine Art von Hand- oder Maschinenstich

Knopflochstich: für das Nähen von Knopflöchern

Konturstich: eine Art von Maschinenstich

Kreuzstich: dient normalerweise zur Beschreibung eines Zierstichs

Leiterstich: siehe Blindstich

Lock-a-matic-Stich: siehe Doppelsteppstich

Margeritenstich: ein Stich, dessen Muster aussieht wie eine Margerite

Mehrfacher Zickzackstich: eine Art von Maschinenstich

Nahtrillenstich: eine Art von Maschinenstich

Ösenstich: ein Stich, der für Ösen verwendet wird

Overlockstich: eine Art von Maschinenstich

Pikierstich: eine Art von Handstich

Rantering: eine Art Stich zur Verschleierung einer Naht

Riegelstich: eine Art von Maschinenstich

Rückstich: eine Art von Maschinenstich

Saumstich: siehe Hohlsaumstich

Segelmacherstich: eine Art von Handstickereistich

Steppstich: ein kräftiger Handstich

Stickstich: ein Stich, der Elemente der Stickerei einbezieht

Stielstich: eine Art von Handstickstich

Stopfstich: ein Stich zum Flicken von Löchern

Straffierstich: siehe Zusammennähen

Stretchstich: eine Art von Maschinenstich

Strickstich: eine Art von Maschinenstich

Überwendlicher Stich: siehe Überwendlingsstich

Überwendlingsstich: eine Art von Handstich, der bei Kanten zum Einsatz kommt

Verriegelungsstich: siehe Doppelsteppstich

Vorstich: ein Handstich für Nähte

Vorstich: eine Art von Maschinenstich

Wabenstich: eine Art von Zierstich

Zeltstich: ein diagonaler Stickstich

Zickzackstich: eine Art von Maschinenstich

Zusammennähen: eine Art des Nähens, die dazu verwendet wird, zwei Stoffstücke miteinander zu verbinden

DOPPELTE BUCHFÜHRUNG:
EINE EINFÜHRUNG

Der aus Ragusa / Dubrovnik stammende Kaufmann Benedetto Cotrugli war der Verfasser der ersten veröffentlichten Darstellung des Systems der doppelten Buchführung, in seinem Werk *Della Mercatura e del Mercante Perfetto* aus dem Jahr 1458, das später in sein *Libro de l'Arte de la Mercatura* aufgenommen wurde.

Manchmal wird fälschlich behauptet, Luca Paciolis *Summa de Arithmetica, Geometria, Proportioni et Proportionalità* sei die erste Beschreibung der doppelten Buchführung. Aber dieses Werk wurde erst nach *Della Mercatura e del Mercante Perfetto* veröffentlicht, nämlich im Jahr 1494.

Weder Benedetto Cotrugli noch Luca Pacioli können zu Recht als Erfinder der doppelten Buchführung angesehen werden, da diese bereits zur Mitte des 14. Jahrhunderts in der einen oder anderen Form von italienischen (und insbesondere toskanischen) Banken angewandt wurde.

Die wichtigste Erkenntnis der doppelten Buchführung besteht darin, dass wir die Vermögenswerte, Verbindlichkeiten und das Eigenkapital eines Unternehmens in einer einfachen Gleichung zusammenfassen können: Vermögenswerte = Verbindlichkeiten + Eigenkapital.

Gewinn- und Verlustrechnungen und Bilanzen lassen sich dann mit Hilfe der Daten erstellen, die in das System der doppelten Buchführung aufgenommen wurden und die zum Beispiel die Berechnung der Investitionsrendite ermöglichen, die uns sagt, wie hoch der Ertrag ist, den eine bestimmte Investition abwirft oder unter bestimmten zukünftigen Bedingungen und Annahmen abwerfen wird.

Im System der doppelten Buchführung hat jeder Geschäftsvorgang zwei Effekte. Wenn man zum Beispiel einen Ablageschrank für 100 Euro kauft (in dem man die Hauptbücher mit doppelter Buchführung aufbewahren möchte), dann bucht man 100 Euro vom Bargeldguthabenkonto ab und schreibt dem (Sach-)Vermögenskonto, auf dem Büroeinrichtungsgegenstände verbucht werden, 100 Euro gut. Nachdem man diese beiden Buchungen vorgenommen hat, ist die Summe der Aktiva nach wie vor gleich der Summe der Verbindlichkeiten und des Eigenkapitals.

Sollbuchungen erfolgen für jeden Zuwachs der Vermögenswerte, jede Erhöhung der Ausgaben, jeden Rückgang der Verbindlichkeiten, jede Abnahme des Eigenkapitals oder des Gewinns. Gutschriften erfolgen für jede Abnahme von Aktiva, jeden Rückgang der Ausgaben, Verbindlichkeiten oder des Gewinns.

NADELN UND SPANGEN
IN FAKTEN UND ZAHLEN

- Die älteste bekannte Nadel ist entweder 61 000 oder 25 000 Jahre alt.

- Sowohl in Homers *Odyssee* als auch in den *Historien* des Herodot werden Nadeln erwähnt.

- Ein Kamel kann nicht durch ein Nadelöhr gehen.

- Die Römer benutzten eiserne oder bronzene *fibulae* (Fibeln, mit dem gleichen Mechanismus wie Gewandspangen), um Gegenstände an anderen Gegenständen zu befestigen.

- Die ersten Scharnierfibeln wurden im 1. Jahrhundert n. Chr. hergestellt.

- Im 3. Jahrhundert n. Chr. wurde das Design der Zwiebelknopffibel erfunden, mit einem Scharnier in der Mitte einer Querbarre.

- Nadeln und Spangen waren auch im Mittelalter gebräuchlich.

- Einige Nadeln wiegen weniger als ein Zehntel Gramm; andere wiegen mehr als ein Zehntel Gramm.

- Nadeln sind auch aus Holz, Borsten, Knochen und Federkielen hergestellt worden.

- Stahlnadeln wurden im 11. Jahrhundert erfunden.

- In England wurden Stahlnadeln Spanische Nadeln genannt.

- Im späten 19. Jahrhundert wurde in Europa Jahr für Jahr eine sehr große Anzahl von Stahlnadeln hergestellt.

- Im Europäischen Patentamt gibt es über 750 Patente mit dem Wort Sicherheitsnadel im Titel.

- Die ursprüngliche Bezeichnung für Sicherheitsnadeln lautete: »eine neue und nützliche Verbesserung in der Machart beziehungsweise Form von Gewandnadeln«.

- Eine krankhafte Angst vor Nadeln oder spitzen Gegenständen wird Aichmophobie, Belonophobie oder Trypanophobie genannt, die allerdings jeweils leicht unterschiedliche Bedeutungen haben.

- An einem Oxford College gibt es ein traditionelles Festessen, bei dem Studenten eine Nadel und ein Faden auf ihre Kleidung genäht wird; die Gründe dafür sind seit langem in Vergessenheit geraten.

- Der Ausdruck Nadelgeld bezeichnete ursprünglich jenes Geld, das jemandem gegeben wurde, damit er davon Nadeln kauft.

- In einigen Ländern gilt das Finden einer Sicherheitsnadel als ein gutes Vorzeichen, in anderen Ländern hingegen als ein schlechtes Vorzeichen.

WELLEN BEOBACHTEN

Wenn man an einem Strand sitzt und die einlaufenden Wellen beobachtet, fällt einem als Erstes auf, dass sich aufeinanderfolgende Wellen geringfügig voneinander unterscheiden – einige Wellen sind etwas größer, manche tragen ein ganz klein wenig mehr oder weniger Gischt, andere scheinen sich ein bisschen mehr oder weniger heftig auf dem Sand, den Steinen oder den Felsen am Strand zu brechen ... Vielleicht denken Sie an die Möglichkeit, dass es sich um einen stochastischen Prozess handeln könnte, und fragen sich, ob weitere physikalische Aspekte der Wellenentstehung berücksichtigt werden müssen. Betrachten wir jetzt einige der möglichen Ursachen für die Unterschiede zwischen Wellen.

Die ersten Faktoren, die wir berücksichtigen müssen, betreffen die Verursachung, Bildung und die Laufzeit von Wellen. Die Hauptursache für die Entstehung von Wellen ist Wind, der allerdings mit der fortwährenden Bewegung des Wassers der Ozeane wechselwirkt, die durch Gezeitenströmung und andere Ursachen der Bewegung von Meereswasser verursacht wird. Zu den Faktoren, die sich auf den spezifischen, örtlich begrenzten Prozess der Wellenentstehung auswirken, gehören Windgeschwindigkeit (die in Bezug auf die aktuelle Bewegung des Oberflächenwassers gemessen werden muss), die Einwirkungsdistanz des Windes an der Wasseroberfläche (Fetch, Streichlänge), die Breite der Fläche, die vom Wind überstrichen wird, die Dauer der Windeinwirkung und die Tiefe des Wassers. Zusammengenommen beeinflussen diese Faktoren die Höhe der Wellen, die Länge der Wellen (gemessen vom Kamm einer Welle bis zum Kamm der nächsten Welle), die Periode der Wellen (die Zeit zwischen dem Eintreffen aufeinanderfolgender Wellenkämme, gemessen in Bezug auf einen bestimmten Punkt) und die Richtung der Wellen. Wellenwissenschaftler verwenden den Begriff der »signifikanten Wellenhöhe« zur Bezeichnung der durchschnittlichen Höhe einer Folge von Wellen. Die maximale Wellengröße ist die größte Welle, die durch Wind einer bestimmten Stärke, Streichlänge und Dauer verursacht werden kann.

Tritt an der Oberfläche eines Wasserkörpers eine Luftturbulenz (wie etwa Wind) auf, können wir die Auswirkungen dieser Luftverwirbelung messen und vorhersagen. Die allgemeine Methode, die dafür benutzt wird, geht davon aus, dass das Wasser zunächst unbewegt ist, nicht zähflüssig, dass wir Korrelationen zwischen Luft- und Wasserbewegung außer Betracht lassen können und dass das Wasser wirbelfrei ist. Wirbelfreiheit lässt sich am besten unter Bezugnahme auf die Vektorrechnung erklären, in der jene Vektorfelder, die der Gradient einer bestimmten Funktion (insbesondere eines skalaren Potenzials) sind, »konservative Vektorfelder« genannt werden – diese haben die Eigenschaft, dass das Kurvenintegral pfadabhängig ist, und sie sind zudem wirbelfrei, was bedeutet, dass sie eine verschwindende Rotation haben, wobei Rotation der Begriff für einen Vektoroperator ist, der die infinitesimale Rotation eines bestimmten Vektorfelds beschreibt. Außerdem können wir den Prozess der Wellenentstehung mit Hilfe der Orr-Sommerfeld-Gleichung für reibungsfreie Strömungsmedien modellieren, die in ihrer einfachen Form besagt, dass die Energieübertragung zwischen Wind und Wasseroberflächen proportional zur Krümmung des Windgeschwindigkeitsprofils ist, vorausgesetzt, dass die mittlere Windgeschwindigkeit gleich der Wellengeschwindigkeit ist.

Statt dieses Modell zum gegenwärtigen Zeitpunkt vollständig darzulegen, wollen wir einräumen, dass diese Vorgehensweise lediglich eine Möglichkeit ist, um einen stochastischen Prozess wie die Wellenbildung zu modellieren. Die resultierenden Wellen lassen sich einem von drei Typen zuordnen: Kapillarwellen (auch Kräuselwellen oder Riffeln genannt), Seegang und Dünung. Im Allgemeinen sind die Wellen bei Seegang höher als Kapillarwellen. Die typische Wellenlänge von Kapillarwellen beträgt etwa 2 Zentimeter, während Windsee- und Dünungswellen längere Wellenlängen besitzen.

Bis jetzt ist unsere Modellierung selbstverständlich stark vereinfachend gewesen. Wir müssen auch berücksichtigen, wie lang die Bahnen von Wassermolekülen innerhalb einer bestimmten Welle sind, sowie weitere Aspekte der konkreten Situation der Wellenentstehung wie etwa die Rolle der Schwerkraft und der Wassertiefe. C sei die Geschwindigkeit einer Welle, L die Wellenlänge und T ein bestimmter Zeitraum. Wenn wir C als L dividiert durch T definieren, können wir sofort die Geschwindigkeit einer Welle in tiefem Wasser näherungsweise bestimmen, indem wir die Schwerkraft mit L multiplizieren, durch zweimal Pi dividieren und dann die Quadratwurzel der so erhaltenen Summe bilden. Wenn wir jedoch den Prozess analysieren wollen, durch den Wellen Wasserkörper unterschiedlicher Tiefen durchlaufen, benötigen wir ein komplexeres Modell.

DER WIEDERAUFBAU DES NORTH RONALDSAY SCHAFDEICHS[4]

Wenn man in Europa nach Norden reist, erreicht man Großbritannien. An der Nordspitze Großbritanniens liegt Schottland, und nördlich von Schottland liegen die Orkneys, deren nördlichste Insel North Ronaldsay heißt. Sie ist eine einzigartige Insel, auf der die jahrhundertealte Tradition der Schafhaltung auch heute noch praktiziert wird. Die Felder auf der Insel werden durch einen Seedeich geschützt, eine zwei Meter hohe Trockensteinmauer, die gut 19 Kilometer lang ist, unmittelbar oberhalb der Hochwasserlinie verläuft und die gesamte Insel umgibt. Den größten Teil des Jahres werden die Inselschafe in ihrer Bewegungsfreiheit auf die Strandseite der Mauer eingeschränkt. Der Deich soll die dahinterliegenden Felder vor dem Meerwasser und vor allem vor den gefräßigen Schafen schützen.

Allerdings hat die Trockensteinmauer eine Reihe von Nachteilen, da sie ohne Beton erbaut und von den Inselbewohnern sorgfältig Stein für Stein aufgeschichtet wurde. Dieser historische Zustand soll erhalten werden, und so beginnt im zeitigen Frühjahr die jährliche Arbeit am Damm, zieht sich durch den Sommer und den Herbst und, in schlechten Jahren, auch über den größten Teil des Winters. Weil die Mauer nicht massiv ist, lässt sie tendenziell das Wasser durch, sodass die Felder, die vor dem Meerwasser geschützt werden sollen, oftmals dennoch überschwemmt

---

4 Wir bitten die realen Bewohner der Insel North Ronaldsay um Verzeihung.

werden. Zweitens können Schafe an einigen Abschnitten auf die Steinmauer springen und sie so nach und nach zum Einsturz bringen, sodass sie sich einen Weg auf die andere Seite bahnen können, wo sie die dort angebauten Nutzpflanzen abweiden. Die Feldfrüchte sind also weder vor den Schafen noch vor dem Meerwasser effektiv geschützt.

Die Mauer wurde 1832 fertiggestellt. Seither haben die Inselbewohner den Schafdeich jedes Jahr geduldig wieder aufgebaut, Stein für Stein für Stein, vom Frühling über Sommer und Herbst bis zum Winter. Jedes Jahr schlagen von neuem die Wellen dagegen, und das Meerwasser dringt durch die Mauer hindurch auf die Felder. Und jedes Jahr springen von neuem die Schafe auf die Mauer, bringen sie stellenweise zum Einsturz und fliehen vom Strand auf die dahinterliegenden Felder. Die Insulaner unterbrechen dann die allgemeinen Reparaturarbeiten am Deich, um gezielte Reparaturen solcher Breschen durchzuführen, wobei sie geduldig einen Stein nach dem anderen ersetzen, bis die Mauer so gut wie neu ist und die Schafe einmal mehr weitgehend auf die Strandseite des Deichs verbannt sind. Manche Jahre sind schlimmer als andere. Brandungsrückströme und Stürme verwüsteten über Dezember 2012 und Januar 2013 einen großen Abschnitt des Deichs, mit der Folge, dass die Felder von Meerwasser überschwemmt wurden, und die Schafe einmal mehr in die aufgeweichten Felder entliefen, die hinter der eingebrochenen Mauer liegen. Die Insulaner mussten besonders hart schuften, um die brüchige Mauer Stein für Stein wiederaufzuschichten, bis sie abermals die imposante, unüberwindbare Festung darstellte, die sie zuvor gewesen war. Dann kamen die Wellen zurück, die Schafe sprangen wieder auf die Mauer, neue

Löcher taten sich auf, und die Inselbewohner mussten vom späten Winter über Frühling, Sommer, Herbst und den frühen Winter hindurch bis zur Mitte des Winters arbeiten, um den Steinwall auszubessern und ihn wieder in einen tadellosen Zustand zu bringen.

Wenn es zu Streitigkeiten über die Instandhaltung der Mauer kommt, werden die Dispute dem Sheep Court unterbreitet, einer besonderen Institution auf der Insel. Sollte sich zum Beispiel ein Inselbewohner dafür aussprechen, die Mauer nicht wiederaufzubauen oder eine neue, stabilere Mauer zu errichten, wird der Streit vor dieses Gericht gebracht, dessen zuverlässiges Urteil lauten wird, den alten Deich auch weiterhin auszubessern und instandzuhalten.

Die fortlaufende Ausbesserung und Instandhaltung des Schafdeichs ist eine erschöpfende, ganzjährige Aktivität für die Insulaner, die weiterhin sehr stolz auf die Struktur und die Bedeutung des Seedeichs sind. Das System der Schafhaltung auf North Ronaldsay ist jahrhundertealt, und die Insulaner sind ganz erpicht darauf, neue Inselbewohner hinzuzugewinnen. Bei ihrer Ankunft sind neue Bewohner dazu angehalten, sich beim Sheep Court zu melden, wo sie einem Deichinstandhaltungsteam zugewiesen werden. Sie sollten sich darauf einstellen, mit diesem Team den größten Teil der Frühlings-, Sommer-, Herbst- und Wintermonate zu verbringen, wobei sie geduldig und langsam den Seedeich wiederaufbauen, Stein für Stein für Stein für Stein für Stein …

EINE GESCHICHTE DER ARTISCHOCKEN

Artischocken sind eine der ältesten kultivierten Gemüsesorten, da sie mindestens seit dem 8. Jahrhundert v. Chr. und möglicherweise sogar schon seit dem 10. Jahrhundert v. Chr. gezüchtet werden. Die Artischocke wird in vielen antiken Texten erwähnt, unter anderem bei Homer und Hesiod. Artischockensorten wurden ganz gewiss bereits von den alten Griechen gezüchet, die sie *kaktos* nannten, auch wenn es sein kann, dass dieses Wort ein anderes Gemüse bezeichnete. Es ist durchaus möglich, dass Sokrates Artischocken gegessen hat, und vermutlich hat auch Pythagoras Artischocken gegessen. Plinius der Ältere meinte wahrscheinlich Artischocken, als er den Anbau von *carduus* in Karthago und Córdoba erwähnte. Ein anderer, verwandter Name, den die Römer mutmaßlich für Artischocken benutzten, ist *cardoon*. In Nordafrika wurden Artischockensamen von kultivierten Artischocken bei Grabungen am Mons Claudianus (einer römischen Stätte) in Ägypten gefunden. Wahrscheinlich aß auch Julius Caesar Artischocken, auch wenn es keine konkreten Belege dafür gibt. Nach und nach wurden Artischocken auch über Griechenland und Italien hinaus in anderen Regionen angebaut. So wurden Artischocken zum Beispiel im Jahr 1530 im Garten Heinrichs VIII. in New Hall gepflanzt. Wahrscheinlich lernten die Engländer den Artischockenanbau von den Niederländern, auch wenn dies von einigen akademischen Experten auf dem Feld der Artischockenzucht bestritten wird. Der Anbau von Artischocken in Louisiana geht möglicherweise auf französische Siedler zurück, während US-Staaten mit italienischen Bevölkerungsgruppen die Artischockenzucht höchstwahrscheinlich von italienischen Siedlern gelernt haben. Das Gleiche gilt für US-Bundesstaaten mit bedeutenden niederländisch-, englisch- und norwegisch-stämmigen Bevölkerungsgruppen. Die Artischocke ist vermutlich eine kultivierte Variante der Kardone, die anscheinend eine kleinere und stachligere Gemüsesorte gewesen ist, auch wenn Wissenschaftler die Etymologie und die Kultivierungsgeschichte der Artischocke unterschiedlich interpretieren.

Moderne Artischocken enthalten Apigenin und Luteolin, außerdem sind sie reich an Antioxidantien. Cynarin ist ein chemischer Inhaltsstoff der *Cynara cardunkulus*, der im Fruchtfleisch von Artischockenblättern sowie, in geringeren Konzentrationen, in den getrockneten Blättern und Stielen der Artischocke vorkommt. Der Name Artischocke geht auf die 1530er- oder sogar schon auf die 1490er-Jahre zurück. Er leitet sich von dem Wort *articiocco* (Norditalien) beziehungsweise *arcicioffo* (Süditalien) ab, möglicherweise auch von dem spanischen Wort *alcarchofa* oder von dem arabischen Wort *al-hursufa*. Es ist unsicher, welches dieser Wörter am frühesten verwendet wurde. In *articiocco* bedeutet *ciocco* offenbar Strunk, während *arti* möglicherweise eine Variante des Präfixes *arch* ist, das hoch bedeutet, wie in den englischen Wörtern *archduke* (Erzherzog) oder *archbishop* (Erzbischof).

Im 18. Jahrhundert schrieb der Autor Jean Anthelme Brillat-Savarin: »In der Mitte eines geräumigen Tischs erhob sich eine Pastete, die so groß wie eine Kirche war, flankiert im Norden von einem Viertel kalten Kalbs, im Süden von einem riesigen Schinken, im Osten von einem monumentalen Butterberg und im Westen von einer riesigen Schüssel voller Artischocken mit einer scharfen Sauce.«

Heute liegen die Hauptanbaugebiete der Artischocke in der Mittelmeerregion, in Ländern wie Italien, Spanien, Griechenland und Frankreich. In den USA werden die meisten Artischocken in Kalifornien angebaut, das über ein ganz ähnliches Klima wie der Mittelmeerraum verfügt. In den dreißiger Jahren wurde der New Yorker Mafioso Ciro Terranova auch »Der Artischockenkönig« genannt: Er kaufte in Kalifornien Artischocken für 6 Dollar pro Steige und verkaufte sie dann mit riesigem Gewinn in New York. Er brachte sowohl die Gemüseverkäufer in New York als auch die Landwirte und Zwischenhändler in Kalifornien unter Druck dazu, mit ihm zusammenzuarbeiten. Dabei kam es zu Auseinandersetzungen, die so gewalttätig waren, dass von den »Artischockenkriegen« die Rede war. In der Folge verkündete der New Yorker Bürgermeister Fiorello LaGuardia ein stadtweites Verbot des Verkaufs, der Auslage und des Besitzes von Artischocken, das ein Jahr lang in Kraft blieb. Artischocken weisen viele weitere historische Verbindungen auf. Ehe Marilyn Monroe berühmt war, wurde sie beim Castroville Artichoke Festival im Jahr 1948 zur »Artichoke Queen« gekrönt. Artischocken werden auch mit John F. Kennedy, Theodore Roosevelt und Martin Luther King in Verbindung gebracht.

DIE PHÄNOLOGIE VON PILZEN

Die Phänologie der weltweiten Pilzarten ist ein wichtiger Indikator, was den Klimawandel der Gegenwart betrifft. Glücklicherweise wurden in den letzten Jahren an verschiedenen Standorten einige interessante wissenschaftliche Studien durchgeführt. So wurden beispielsweise im Rahmen einer dreijährigen Studie über Pilzarten in borealen Nadelwäldern Ostkanadas die Phänologie der betreffenden Arten sowie damit zusammenhängende Messgrößen wie Bodentemperatur und -feuchtigkeit untersucht. Die Studie zeigte keine bedeutenden Veränderungen der Phänologie essbarer Ektomykorrhiza-Pilze und fand mögliche Anhaltspunkte dafür, dass es nur einen schwachen Zusammenhang zwischen dem anfänglichen Fruchtbildungsdatum und der Länge des Fruchtkörpers gibt. Zu den erforschten Arten gehörten *Boletus aff. edulis*, *Lactarius deterrimus*, *Cortinarius caperatus* und *Catathelasma ventricosum*.

Bei einer Studie, die 2012 in Mexiko durchgeführt wurde, wurden unter anderem elf Gattungen des Phylums Basidiomycota aus fünf verschiedenen Ordnungen identifiziert: Agaricales, Boletales, Cantharellales, Gomphales, Russulales. Die einzelnen Arten waren *Pleurotus djamor*, *Pleurotus djamor va roseus*, *Volvariella bombycina*, *Amanita caesarea*, *Hygrophorus*, *Xeromphalina*, *Lyophyllum decastes*, *Boletus edulis*, *Suillus granulatus*, *Cantharellus cibarius*, *Ramaria*, *Ramaria botrytis* und *Russula brevipes*. Die Wissenschaftler, die die Studie durchführten, stellten fest, dass etliche der Arten aufgrund einer hinreichend mykophilen Kultur in der Region mehrere Trivialnamen hätten. So firmiert etwa *Pleurotus djamor* unter den Namen *oreja de cazahuate, orejón, cazahuate, blanco, hongo de pino* und *seta*. Neben den wildwachsenden Arten wurde mehrere weitere Spezies beobachtet: *Collybia dryophila* und *Lactarius indigo* wachsen in den Wäldern, zudem findet man in der Region die kultivierten Spezies *Agaricus bitorquis* und *Ustilago maydis*.

Phänologisch bedeutsame Ergebnisse betreffend, fand die Studie heraus, dass *Pleurotus djamor*, *Pleurotus djamor va roseus* und *Volvariellabombycina* bereits im Mai wuchsen und auf den Straßenmärkten angeboten wurden, wobei *Pleurotus djamor* und *Pleurotus djamor va roseus* noch bis November erhältlich waren. Solche Befunde sind offensichtlich von einer gewissen Relevanz, wenn es darum geht, klimatische und saisonale Schwankungen zu analysieren, auch wenn ihre langfristige Aussagekraft noch umfassend untersucht werden muss. Eine neuere Analyse der Phänologie von Pilzen ergab, dass sich die Fruktifikationssaison in vielen Teilen Europas ebenfalls entsprechend verlängert hat. Die Analyse von Ektomykorrhiza-Pilzen und saprotrophen Pilzarten zeigte hingegen ein anderes Muster. Bei vielen Mykorrhiza-Arten traten spätere Fruktifikationszeiten auf, was nicht bei allen saprotrophen Arten der Fall war. In einigen Fällen erlaubte ein warmer Herbst eine spätere Fruchtbildung, außer in Fällen, in denen ein warmer Herbst mit Frühfrost einherging. In diesem Fall endete die Fruchtbildung zu einem früheren Zeitpunkt in der Jahreszeit.

Eine besonders große Studie über diese Frage wurde zwischen 1995 und 2013 in Pinar Grande durchgeführt, einem großen Pinienwald in Spanien. Im Rahmen dieser Studie wurde das Wachstum von über 48 000 Mykorrhiza- und saprotrophen Pilzen in wöchentlichen Abständen protokolliert. In einem Teil dieses langen Zeitraums kam es zu einem deutlichen Rückgang der Sporokarpien von 2880 auf nur noch 2045. Allerdings ist unklar, was dies zu bedeuten hat. Die Studie betrachtete auch die Phänologie und Produktivität von *Lactarius spp.* und *Boletus edulis* und den Zusammenhang zwischen der Anzahl der gebildeten Fruchtkörper und der Häufigkeit der Fruktifikation sowie anderen Maßen wie Gesamtniederschlagsmenge und Sonnenscheinstunden.

Eine weitere Studie in Ostkanada untersuchte die Produktivität von epigäischen Ektomykorrhiza-Pilzarten, insbesondere nach teilweisem Holzeinschlag. Es wurde gezeigt, dass der Einschlag keinen merklichen Effekt auf die Pilzphänologie hatte und dass eine Verringerung der Grundfläche der Westlichen Hemlocktanne (eine der Baumarten, in deren Wurzelbereich Pilze gesammelt wurden) positive, neutrale oder negative Auswirkungen auf phänologische Maße wie Biomasse und Fruktifikation

 haben konnte. Die Studie zeigte, dass die angewandte Methode nicht immer die Anzahl der Ektomykorrhiza-Pilzarten verringert hat, allerdings ist dieser Befund nicht eindeutig.

DIE MESSUNG DER FEINHEIT
VON TEXTILEN FASERN

Das Denier und das Tex sind Maßheinheiten zur Kennzeichnung der Feinheit einer Faser. Sie sind allgemein gebräuchlich, anders als die vom Internationalen Einheitensystem (SI-System) bevorzugte Einheit eines Kilogramms pro Meter. Ein Denier ist die Masse in Gramm eines 9000 Meter langen Seidenfadens, und es ist der Standard, mit dem alle anderen Fasern im Denier-System verglichen werden. Ein Denier entspricht etwa einem vierundzwanzigstel Gramm. Als Mikrodenier-Textilfasern gelten Fasern, bei denen ein 9000 Meter langer Faden weniger als ein Gramm wiegt.

Der Unterschied zwischen Filament- und Gesamtdenier-Messung besteht darin, dass sich die eine auf ein einzelnes Filament einer Faser bezieht (auch Denier per Filament oder DPF genannt), während sich die andere auf ein Garn bezieht. Die hierfür verwendete Gleichung lautet: DPF = Gesamtdenier, dividiert durch die Menge der gleichförmigen Filamente. Wenn man eine einzelne Faser messen will, anstatt einen 9000 Meter langen Faden zu wiegen, kann man ein Vibroskop verwenden, das ein kurzes Stück Faden zur Vibration bringt und die Feinheit aus der Schwingungsfrequenz berechnet.

Das Tex wird für den gleichen Zweck wie das Denier verwendet, ist aber durch die Masse in Gramm per 1000 Meter definiert. Ein Decitex ist die Masse in Gramm per 10 000 Meter. Dagegen ist die S- oder Super-S-Zahl ein Maß für die Feinheit einer Wollfaser. Sie ist streng genommen keine Maßeinheit, da sie nicht hinreichend definiert ist, um die Voraussetzungen für eine solche zu erfüllen. Die Kammgarnnummerierung ist ein Maß dafür, wie viele 512 Meter (560 Yards) lange Garnfäden man aus einem Pfund (0,45 Kilogramm) Wolle erhalten kann. Sie ist somit eine indirekte Maßeinheit und keine direkte Messung.

Yield ist ein Maß für die Feinheit eines Bündels identischer Fasern. Yield ist eigentlich das Gegenteil von Feinheit und wird in Yards pro Pfund ausgedrückt, da es ursprünglich in Gebieten verwendet wurde, in denen das angloamerikanische Maßsystem und nicht das metrische System gebräuchlich war. Folglich besteht ein indirekter Zusammenhang zwischen Tex- (beziehungsweise Denier-) Maßen und dem Yield. So hat zum Beispiel eine Faser von 735 Tex einen Yield von 675 Yards (617 m) pro Pfund, während eine Faser von 1100 Tex einen geringeren Yield von 450 Yards pro Pfund hat.

Die Baumwollnummerierung ist eine weitere Methode der Feinheitsmessung. Sie steht im Gegensatz zum Yield, da sie ein Nummerierungssystem ist, bei dem die Anzahl der Garnsträhnen (eine Strähne ist gleich 7 Teilsträhnen, 840 Yards oder 770 Meter) vom Strangmaterial gezählt wird, das aus einer bestimmten Faser hergestellt worden ist und ein Pfund (0,45 Kilogramm) wiegt. Die Abkürzung für die Baumwollnummerierung lautet Ne. Dagegen ist Garnlänge die Garnlänge in Metern. Um die Garnlänge zu berechnen, multipliziert man die Baumwollnummerierung mit dem Garngewicht in Kilogramm und multipliziert dann mit 1,693.

Wenn man die Denier- in die Baumwollnummerierung umrechnen will, lautet die Gleichung: $5315/\rho$/den, wobei ρ/den die Denier-Messung ist. Wenn man Tex- in Baumwollnummerierung umrechnen will, lautet die Gleichung 590,5/ρ/tex, wobei ρ/tex die Tex-Messung ist. Es gibt eine Reihe weiterer Standardmessungen, die bei der Faserproduktion verwendet werden. So hat zum Beispiel ein Thread eine Länge von 1,37 m, ein Bundle (Bündel) ist im Allgemeinen 10 Pfund, und ein Lea hat für gewöhnlich eine Länge von 80 Threads. Mommen sind ein traditionelles Maß der Seidendichte. Eine Momme ist definiert als das Gewicht in Pfund (oder Einheiten aus 0,45 Kilogramm) eines Stückes Gewebes, das ungefähr 45 Zoll breit und 100 Yards lang ist (rund 108 Quadratmeter Stoff). Eine Unze pro Quadrat-Yard entspricht 35 Gramm pro Quadratmeter oder 8 Mommen. Die Breite von 45 Zoll wird deshalb benutzt, weil dies eine Standardbreite ist, die bei der Seidenherstellung verwendet wird, auch wenn Seide manchmal in anderen Breiten produziert wird, etwa in Breiten von 55 Zoll, 65 Zoll oder auch 75 Zoll.

Habotai-Seide hat in der Regel zwischen 6 und 16 Mommen. Standardchiffon wiegt zwischen 5 und 8 Mommen, obgleich Chiffon in der doppelten Dicke zwischen 10 und 16 Mommen wiegt. Crêpe de chine hat zwischen 11 und 16 Mommen, Gaze zwischen 3 und 5 Mommen, Rohseide zwischen 35 und 42 Mommen, Organza rund 5 Mommen, Charmeuse-Seide zwischen 15 und 25 Mommen.

Die Fadenzahl ist ein Maß für die Grobheit oder Feinheit eines Stoffs, misst also nicht direkt die Faserfeinheit. Allerdings ist sie für die Messung der Faserfeinheit relevant.

GLOBALE POSTLEITZAHLEN:
EIN AUSZUG

Afghanistan

In den afghanischen vierstelligen Postleitzahlen geben die ersten beiden Ziffern die Provinz an, während die nächsten beiden Ziffern den spezifischen Bezirk beziehungsweise die Zustellzone angeben. Kabul hat 1 und 0 als die ersten beiden Ziffern. Die zweiten beiden Ziffern bezeichnen die zentralen Innenstadtviertel um das Hauptpostamt, Macro-rayan, Shahr-e-Naw, Darul Aman, Sayed Noor Mohammad Shah Mina, Dehburi, Taimani und Khairkhana. Die Post-leitzahlen mit den zweiten zwei Ziffern von 50 aufwärts bezeichnen Bezirke von Kabul City; so steht etwa 1051 für Chahar Asyab, 1051 für Musayi und so weiter. Besuchen Sie die Website der afghanischen Post für eine vollständige, aktuelle Liste.

Albanien

In Albanien haben die Postleitzahlen ebenfalls vier Ziffern, die bestimmte Postfilialen bezeichnen; die ersten beiden Ziffern geben das Hauptpostamt in einem Bezirk an, während die zweiten beiden Ziffern die kommunale Postfiliale codieren. Die ersten zweistelligen Sektionen reichen von 10 für Tirana bis zu 97 für Sarandë, aber beachten Sie, dass es zahlreiche nicht genutzte zweiziffrige Kombinationen zwischen 10 und 97 gibt. So sind zum Beispiel 11, 12, 13 und 14 ungenutzt, während 15 den Kreis Krujë bezeichnet.

Algerien

In Algerien sind die Postleitzahlen fünfstellig. Wie in Afghanistan und Albanien geben die ersten beiden Ziffern die Provinz an, aber im Fall von Algerien dienen die anschließenden drei Ziffern dazu, den Zustellort genauer zu bezeichnen. Einige wenige Beispiele: für Agouni Gueghrane lautet die Postleitzahl 15 023; für Fougaret ez Zouia lautet die Postleitzahl 11 016; Inoughissene hat die Postleitzahl 05083, während Mezaourou-Sidi-Brahim die Postleitzahl 13041 hat. Wenden Sie sich für eine vollständige Liste der Postleitzahlen an die algerische Post.

Andorra

In Andorra werden die Postdienstleistungen von den Postdienstleistern Spaniens und Frankreichs erbracht. Die Postleitzahlen sind fünfstellig und entsprechen damit dem in Frankreich und Spanien üblichen Format, wobei das AD an den ersten beiden Stellen für Andorra steht. Die vollständige Liste der Pfarreien ist AD100 für Canillo, AD200 für Encamp, AD300 für Ordino, AD400 für La Massana, AD500 für Andorra la Vella, AD600 für Sant Julià de Lòria und AD700 für Escaldes-Engordany.

Argentinien

1998 wurde in Argentinien das CPA (Código Postal Argentino oder Argentinisches Postleitsystem) eingeführt. Es ist komplexer als die oben beschriebenen Systeme. Der erste Einzelbuchstabe gibt an, in welcher der 23 Provinzen des Landes sich die Adresse befindet. So steht zum Beispiel Q für Neuquén. Die nächsten vier Stellen geben die Stadt an. Die erste dieser Stellen gibt ein allgemeines Gebiet an. So steht eine Postleitzahl mit einer 3 in dieser Position für das allgemeine Gebiet Chaco, Corrientes, Formosa, Misiones und Santa Fe. Die zweite Stelle verweist auf ein enger umgrenztes Gebiet, wie etwa E3100 auf Paraná oder W3400 auf Corrientes. Die letzten drei Stellen der PLZ geben den spezifischen Block einer Stadt- oder Dorfstraße an, in welchem sich eine Adresse befindet. So hat zum Beispiel die britische Botschaft in Buenos Aires die PLZ C1425EOF.

Armenien

In Armenien gab es lange Zeit ein sechsstelliges Postleitzahlensystem, bis es im Jahr 2006 auf ein modifiziertes vierstelliges System umgestellt wurde. Anders als zahlreiche Postleitzahlensysteme, die eine erststellige Null vermeiden, enthält das armenische System Postleitzahlen, die mit einer Null beginnen. So lautet beispielsweise die Postleitzahl von Berqarat 0404 und in der Hauptstadt Yerewan reichen die Postleitzahlen von 0001 bis 0099. Einige weitere Beispiele sind: 3810 für Sers, 1415 für Verin Getashen und 2225 für Mayakovski.

EINE KURZE ERKLÄRUNG
DES TEST MATCH CRICKET

Cricket ist ein Spiel, das in vielen verschiedenen Formaten gespielt werden kann, angefangen von einer Version, die einige wenige Stunden dauert, bis zur längsten Form des Spiels, dem Test Match Cricket, das bis zu fünf Tage dauert. Die Partien umfassen jeden Tag etwa sechs bis sieben Stunden – welche die Spieler jeweils für eine Mittags- und eine Teepause unterbrechen, ehe sie weiterspielen.

Das Spiel wird auf einem großen, flachen Grasfeld ausgetragen. In der Mitte des Feldes befindet sich die Pitch, ein rechteckiger Rasenstreifen, der härter und flacher ist als der Rest des Spielfeldes. An jedem Ende des Pitchs befindet sich eine Holzkonstruktion aus drei Stäben und zwei Querstäben, das Wicket, vor dem eine Popping Crease genannte Linie eingezeichnet ist. Wenn das Spiel beginnt, nehmen die Spieler der Feldmannschaft diverse Positionen rings um das Spielfeld ein, mit Bezeichnungen wie Long On, Midwicket, Square Leg, Short leg, Mid-Off und Third Man. Hinter einem Wicket steht ein Wicketkeeper, während am entgegengesetzten Ende (das zunächst Bowler's End heißt, auch wenn dies nach jedem Over wechselt) ein Bowler (Werfer) steht. Die Schlagmannschaft hat einen Batsman, der am gegenüberliegenden Ende der Pitch steht (und der dem Ball frontal zugewandt ist, wenn dieser geworfen wird) sowie einen Batsman an dem Ende, an dem der Bowler steht. Der Batsman (Schlagmann/Schlagfrau) heißt deshalb Batsman, weil er oder sie einen bat (Schläger) hat, mit dem er oder sie den Ball zu treffen versucht.

Der Bowler läuft an ein Ende der Pitch und wirft den Ball auf die Wicket am anderen Ende, wobei er oder sie sorgfältig darauf achtet, die Popping Crease nicht zu übertreten, denn wenn er oder sie dies tut, dann liegt ein No-Ball (regelwidriger Wurf) vor und er oder sie muss den Ball erneut werfen. Der Batsman versucht den Ball zu treffen oder zumindest zu verhindern, dass der Ball sein oder ihr Wicket trifft. Wenn er oder sie trifft oder wenn der Wicketkeeper den Ball nicht hält, können die Batsmen von einem Wicket zum anderen laufen. In diesem Fall erzielen sie einen Punkt. Der Batsman kann auf folgende Weisen aussscheiden: durch Run Out, Caught, Bowled (wenn der Ball das Wicket trifft), Stumped (wenn der Wicketkeeper das Wicket mit dem Ball zerstört, während der Batsman vor seine oder ihre Schlaglinie tritt), Hit Wicket und Legbefore Wicket. Wenn er oder sie ausgeschieden ist, verlässt er oder sie das Feld und ein anderer Batsman kommt herein. Wenn der Ball den Rand des Feldes erreicht, erzielt der Batsman vier Punkte, und wenn der Ball den Rand erreicht, ohne zuvor den Boden zu berühren, erzielt er oder sie sogar sechs Punkte. Das Ergebnis jedes Ballwurfs wird vom Scorer festgehalten. So wird zum Beispiel ein Dot Ball (Nullpunktball) mit einem Punkt festgehalten, ein einzelner Punkt wird mit einer 1 protokolliert, vier Punkte mit einer 4 und so weiter.

Nachdem der Bowler den Ball geworfen hat und der Batsman den Ball entweder getroffen oder nicht getroffen hat und entweder ausgeschieden oder nicht ausgeschieden ist, gewinnen die Feldspieler den Ball wieder, und das bedeutet das Ende dieses Balls. Das Ergebnis jedes Balls wird vom Scorer festgehalten. So wird zum Beispiel ein Dot-Ball mit einem Punkt aufgezeichnet, ein einfacher Punkt wird mit einer 1 vermerkt, eine Vier mit einer 4 und so weiter. Jetzt, wo der Ball aus ist, ist der Ball so lange tot, bis der Bowler den nächsten Ball wirft. Niemand kann ausscheiden, wenn der Ball tot ist. Der Bowler sollte bei einem Over sechs Bälle werfen; kommt es jedoch zu No-Balls, wirft er oder sie einen weiteren Ball, um den No-Ball zu ersetzen. Der Batsman kann bei einem No-Ball nicht aus sein, es sei denn, es liegen ein Run Out oder ein Stumped vor. Der Bowler wirft auch Extrabälle für beliebige Wides, nicht aber für Byes (wenn der Batsman punktet, ohne den Ball zu berühren) oder Leg-Byes (bei denen der Batsman punktet, nachdem der Ball sein oder ihr Bein getroffen hat).

Nachdem der oder die Bowlerin sein oder ihr Over geworfen hat, werden die Seiten gewechselt, und ein neuer Bowler bowlt den nächsten Ball vom anderen Ende. Der Batsman, der am Ende eines Overs am Ende des Bowlers steht, sieht sich dem ersten Ball des nächsten Overs gegenüber. Wenn ein Batsman caught out ist, dann hängen die Positionen der Batsmen davon ob, wo sie sich befanden, als der Ball gefangen wurde. Wenn die Batsmen eine Linie überschritten haben, nehmen sie dieselbe Position ein, wie wenn ein Punkt erzielt worden wäre (obgleich kein Punkt erzielt worden ist). Wenn sie die Linie nicht überschritten haben, dann kehrt der Batsman am Ende des Bowlers zum Bowlers-Ende zurück (das aufhört, das Ende des Bowlers zu sein, wenn es das Ende eines Overs ist).

Der neue Bowler bowlt sechs Bälle in seinen oder ihren Over, sofern keine No-Balls oder Wides vorkommen. Dann kommt es erneut zu einem Seitenwechsel, und das nächste Over wird womöglich vom Bowler des ersten Over oder von einem anderen Bowler gebowlt, und das Spiel geht weiter.

EINE DETAILLIERTE TEXTANALYSE
DES ERSTEN SATZES VON *DON QUIJOTE*

In Kapitel 1, das den Titel trägt »Handelt von dem Stande und der Lebensweise des ruhmvollen Edlen Don Quijote von la Mancha«[5] lautet das erste Wort »In«. Als eine Präposition löst dieses Wort beim Leser die Erwartung aus, dass ihm etwas über eine Situation erzählt wird, in der etwas eingeschlossen ist, von etwas umgeben wird oder in etwas liegt. Dies bedeutet, dass wir weiterlesen müssen, wenn wir herausfinden wollen, worum es sich dabei handelt. Das zweite Wort ist »einem«, dass im Deutschen ein unbestimmter Artikel ist; dies bedeutet, dass uns gleich etwas über etwas erzählt wird, das ein Beispiel aus einer Menge ähnlicher Dinge ist. Das dritte Wort lautet »Dorf«, was deutlich mehr Information vermittelt als die vorhergehenden beiden Wörter und diese erheblich präzisiert. Sofern nicht etwas gänzlich Unerwartetes geschieht, können wir davon ausgehen, dass das Dorf die Sache ist, »in« der sich etwas befindet, und dass wir nur über »ein Dorf« sprechen, nicht über »das Dorf«.

Innerhalb von nur drei Wörtern sind wir von erheblicher Unsicherheit bezüglich der Richtung dieses Satzes zu einem plötzlichen Moment der Klarheit gelangt, in dem wir feststellen, dass der erste Ort, über den man uns nachzudenken auffordert, ein Dorf ist. Aber wir benötigen noch weitere Informationen, um unser Verständnis dieses

---

5 Diese Textanalyse basiert auf John Ormsbys Übersetzung des *Don Quixote* in das Englische (1885).

Satzes voranzubringen. Das vierte Wort ist »der«, der bestimmte Artikel im Genitiv. Dieser Artikel sagt uns, dass wir eine Information erhalten werden, die das Dorf näher kennzeichnet, da die einzige wahrscheinliche Fortsetzung des Satzes darin besteht, einen Ort im Sinne einer Region, eine Klasse oder eine Qualität anzugeben, die das soeben erwähnte Dorf besitzt. Das fünfte Wort unseres Satzes besteht dementsprechend aus dem Eigennamen »Mancha«. Je nachdem, welche Übersetzung des Romans wir lesen und ob wir uns den Titel des Kapitels gemerkt haben, wissen wir vielleicht schon, dass die Person, von der wir annehmen, dass sie der Held beziehungsweise Protagonist dieses Buches ist, Don Quijote, aus der Mancha stammt. Andererseits wissen wir vielleicht nicht, was oder wo die Mancha ist, aber auch wenn wir es nicht wissen, haben wir doch vielleicht eine starke Vermutung, dass es ein Ort oder eine Region ist, in der es mehrere Dörfer gibt, da dieses Dorf lediglich »ein Dorf« in der Mancha ist und nicht »das Dorf in der Mancha«.

Nach dem fünften Wort des Satzes erreichen wir unser erstes Komma, das es uns in seiner Funktion als Satzzeichen erlaubt, einen kurzen Moment innezuhalten und die Informationen, die wir bislang erhalten haben, nochmals zu durchdenken. Zu diesem Zeitpunkt erwarten wir, dass wir gleich mehr über das Dorf erfahren oder vielleicht über etwas, was in dem Dorf geschehen ist. Nun stellt sich allerdings heraus, dass der Autor dieses Buches nicht zu denjenigen gehört, die sich direkt und unverblümt ausdrücken, worauf bereits seine Verwendung des unbestimmten Artikels hindeutete. Daher ist es interessant, festzustellen, dass das, was als Nächstes folgt, etwas weniger vorhersehbar ist, als man vielleicht erwarten würde. Die Wörter sechs und sieben, die direkt auf das erste Komma folgen, sind »an« und »dessen« und vermitteln an sich kaum zusätzliche Informationen. Der bestimmte Artikel wird erneut im Genitiv verwendet, allerdings jetzt im maskulinen Genus, und er deutet darauf hin, dass wir gleich eine weitere konkrete Information erhalten werden. Das achte Wort lautet »Namen«, was darauf hindeutet, dass der bestimmte Artikel dazu benutzt wurde, dieses Nomen zu modifizieren, welches auf das Wort oder die Wortgruppe verweist, durch das/die eine Person oder eine Sache kenntlich gemacht wird oder werden kann. Dies führt das Konzept der Referenz (Bezugnahme, Verweisung) ein und damit die Art und Weise, wie Gegenstände und Wörter durch die Namenskonvention miteinander verbunden sind. Es verdeutlicht auch, wie schwierig es ist, wirklich präzise anzugeben, worauf sich ein Name bezieht, ob auf nur eine Person oder Sache, eine Reihe von Personen oder Sachen, eine ganz bestimmte Sache oder eine Klasse von Gegenständen.

Das neunte Wort lautet »ich«. Hier präsentiert sich offensichtlich eine Person selbst als Autor dieses Textes, als ein sogenannter Ich-Erzähler, der vorgibt, das, was er nachfolgend berichtet, unmittelbar selbst erlebt oder jedenfalls aus verlässlicher Quelle vernommen zu haben. Das Personalpronomen »ich« gibt folglich die erzählerische Perspektive an, aus der die Geschehnisse wiedergegeben und aufbereitet werden. Zugleich wird durch das Personalpronomen die Spannung auf das erhöht, was in der Folge des Satzes an weiteren Informationen geliefert wird.

GLOBALE POSTLEITZAHLEN: FORTSETZUNG

Australien

Australische Postleitzahlen sind vierstellig (und es ist üblich, in der Adresse auch eine Abkürzung für den Bundesstaat oder das Territorium zu verwenden, wie etwa NSW für New South Wales). Grundsätzlich gilt, dass die ersten beiden Ziffern den Bundesstaat oder das Territorium angeben. So verweisen etwa die Postleitzahlen von 1000 bis 2999 auf Adressen in New South Wales, mit Ausnahme der Postleitzahlen von 2600 bis 2619, die für das australische Hauptstadtterritorium stehen, und der Postleitzahlen von 2900 bis 2920, die ebenfalls auf das australische Hauptstadtterritorium verweisen. Es ist wichtig, zu verstehen, dass die für eine Adresse zuständige Postfiliale und folglich die ersten beiden Ziffern einer Postleitzahl manchmal jenseits der Grenze des Bundesstaates oder des Territoriums liegt, in welchem sich die Adresse des Empfängers befindet. Zum Beispiel würde man für Alpurrurulam im Northern Territory die Postleitzahl 4825 verwenden. Postleitzahlen von 4000 bis 4999 und von 9000 bis 9999 geben im Allgemeinen eine Adresse in Queensland an, sodass dies eine Adresse in Queensland zu sein scheint, während die eigentliche Zustelladresse aber im Northern Territory liegt. Ein weiteres Beispiel für diese Art von Anomalie ist 0872, die Postleitzahl für Ngaanyatjarra-Giles in Westaustralien. Postleitzahlen von 0800 bis 0999 geben im Allgemeinen eine Adresse im Northern Territory an. Trotzdem ist 0872 die Postleitzahl von Ngaanyatjarra-Giles.

Aserbaidschan

Wie Armenien (siehe oben) verwendete auch Aserbaidschan ein sechsstelliges Postleitzahlensystem, stellte dann jedoch auf ein vierstelliges Postleitzahlensystem um. Die ersten beiden Ziffern bezeichnen die Verwaltungsregion (Rayon), wie etwa den Rayon Neftchala, den Rayon Khojavend oder den Rayon Dashkasan. Bedenken Sie, dass Aserbaidschan verwaltungsmäßig in 59 Rayons, 11 Städte und die Autonome Republik Nachitschewan untergliedert ist. Ein Beispiel für eine Postleitzahl in Aserbaidschan ist diejenige der britischen Botschaft: AZ1010, wobei AZ das Land bezeichnet und die erste 10 die Stadt Baku.

Bahrain

In Bahrain reichen die Postleitzahlen von 101 bis 1216. Aber nicht jede dreistellige Zahl oder vierstellige Zahl zwischen 101 und 1216 ist eine gültige Postleitzahl. Die erste Ziffer in einer dreistelligen PLZ und die ersten beiden Ziffern in einer vierstelligen PLZ bezeichnen einen der 12 Gemeindedistrikte, die, in diesem Fall, als Verwaltungsbezirke des Postwesens fungieren. Die wörtliche Übersetzung des arabischen Worts für Postleitzahl in Bahrain lautet Blockzahl.

SCHLACHTTAKTIKEN IN
DER NAPOLEONISCHEN ÄRA

Im Zeitalter Napoleons haben sich Schlachttaktiken und -strategien in grundlegender Weise weiterentwickelt. Napoleon bevorzugte zwei Strategien: die Strategie der indirekten Annäherung und die Strategie der zentralen Position. Die Strategie der indirekten Annäherung konzentrierte sich auf Bemühungen, sich dem Feind auf indirekte Weise zu nähern, während die Strategie der zentralen Position darin bestand, im Zentrum des Ortes der beginnenden Kampfhandlungen Position zu beziehen. Die Strategie der indirekten Annäherung ging oftmals mit einem Verschleierungsmanöver einher. Dies war eine Strategie, bei der es darum ging, die Methode und Richtung eines Manövers zu verschleiern. Napoleon wandte diese Strategie bei den Schlachten bei Ulm im Jahr 1805, bei Jena im Jahr 1806 und bei Friedland im Jahr 1807 an.

Dagegen kann die Strategie der zentralen Position als eine Strategie der Unterlegenheit bezeichnet werden, eine Strategie also, die man in einer Position relativer Unterlegenheit (der eigenen Kräfte) anwendet. Napoleon hat die Strategie der indirekten Annäherung und die Strategie der zentralen Position jedoch auch abwechselnd eingesetzt. Diese wechselseitige Austauschbarkeit der Strategien war ein Merkmal der Schlachten bei Bautzen und Großgörschen (Lützen) im Jahr 1813, auch wenn die daraus hervorgehende Strategie in beiden Fällen nicht gänzlich erfolgreich war. Bei diesen Schlachten ging es darum, nicht bloß einen Sieg, sondern einen entscheidenden Sieg zu erringen. Auf Napoleons Strategien der indirekten Annäherung und der zentralen Aufstellung reagierten die Alliierten mit der Taktik des konzentrischen (mittigen) Vorrückens. Bei dieser Taktik wurden die Kräfte mittig angegriffen. Im Allgemeinen kann man bei Schlachtplänen zwei Haupttypen unterscheiden: die Manöverschlacht und die Zermürbungsschlacht. Die Manöverschlacht ist eine Taktik, bei der man mit Hilfe von Manövern einen Vorteil zu erringen versucht, während die Zermürbungsschlacht auf die Zermürbung des Gegners abzielt. Napoleon wandte bei Schlachten häufig die Manöverstrategie an, während er nur hin und wieder auf die Zermürbungsstrategie setzte.

Der Feldzug nach Jena im Jahr 1806 liefert uns einige aufschlussreiche Beispiele für Napoleons Vorgehen. Er dauerte einen ganzen Monat, vom 6. Oktober bis zum 6. November. Eine der besonderen Taktiken Napoleons auf diesem Feldzug war der *bataillon carré* (wörtlich Karree-Bataillon); dabei wurde ein bestimmtes Bataillon in Karreeformation aufgestellt. Dieses Karree konnte eine Kavallerieabschirmung durchdringen, um ein sogenanntes *manœuvre sur les derrières* auszuführen. Ausgehend vom Rhein und vom Oberlauf der Donau stießen Napoleons Truppen unerwartet und mit erheblichem Erfolg nach Norden vor. Dies führte die Truppen am Thüringer Wald vorbei, was als strategisch unklug angesehen werden könnte. Doch angesichts des Standorts der preußischen und russischen Truppen und Nachschublinien war es eine wohldurchdachte Strategie. Es kam zu schweren Gefechten bei Jena und auch bei Auerstädt, in denen die französischen Truppen überwiegend die Oberhand gewannen.

Wenn es in diesen Schlachten zu Feindberührungen

kam, nahm die Vorhut eine vorgerückte Stellung ein. Die leichte Infanterie führte zur Unterstützung der Vorhut Infanteriemanöver durch. Sobald der Angriff auf die feindliche Armee begann, kam es zu Kampfhandlungen, bei denen entweder nach der Manöver- oder, seltener, nach der Zermürbungsstrategie vorgegangen wurde. Napoleon bevorzugte im Allgemeinen eine offensive Schlachtformation, bei der die eigenen Truppen die gegnerischen Streitkräfte offensiv angriffen, gegenüber einer defensiven Formation, bei der man sich bemühte, die eigene Flanke, das Zentrum und die Nachschublinien zu verteidigen. In Situationen, in denen seiner Einschätzung nach eine defensive Strategie erfolgversprechender war als eine offensive Strategie, entschied er sich jedoch für eine defensive Taktik.

Napoleon sagte einmal: »Strategie ist die Kunst, Zeit und Raum richtig zu nutzen.« Letzterer interessierte ihn dabei weniger als Erstere, auch wenn er gelegentlich Letzterem gegenüber Ersterer den Vorrang gab. Er bevorzugte Strategien, die ohne Feldlager und Verschanzung auskamen, aktives Vorgehen lag ihm mehr als inaktives, auch wenn er sich bei einigen wenigen Gelegenheiten für eine inaktive Strategie entschied, bei der seine Truppen ein Lager bezogen oder sich in bestimmten Positionen verschanzten.

DIE HERSTELLUNG VON KARTONAGE

Etymologisch gesehen ist Pappe ein problematisches Wort, denn es gibt keinen einzelnen Gegenstand, der Pappe genannt werden könnte. Vielmehr ist es ein Portfoliobegriff, der eine Reihe ähnlicher Materialien bezeichnet, aus denen, auf Papierbasis, ein relativ robuster Karton hergestellt wird. Von diesem Detail einmal abgesehen: Wie genau werden Pappkartons (Kartonagen) hergestellt?

Zunächst muss man verstehen, dass ein Pappkarton aus Wellpappe hergestellt wird, also einer Füll- oder Polsterschicht, die üblicherweise aus Altpapier produziert und zwischen zwei Deckenbahnen aus Karton platziert wird, der ebenfalls aus Altpapier hergestellt worden sein kann, auch wenn die Deckenbahnen mitunter aus Kraftpapier bestehen, einer Papiersorte, die aus Zellstoff besteht, der mit Hilfe des sogenannten Kraftaufschlussverfahrens hergestellt wird. Insbesondere die äußere Deckenbahn wird vielfach aus Kraftpapier hergestellt, während die innere Deckenbahn aus recyceltem Papier bestehen kann. Die Deckenbahn auf dem Wellenpapier erzeugt den typischen Wellpappeneffekt, weil die Riffelung des Wellenpapiers die Oberfläche deformiert. Für eine glattere Oberfläche wird ein aus Weichholzbäumen mit langen Fasern hergestelltes Kraftpapier verwendet. Lange Fasern sind widerstandsfähiger gegen Reißen oder Bersten.

Kraftpapier kann je nach Baumart, aus der es hergestellt wurde, sehr unterschiedlich aussehen. Einige Sorten von Kraftpapier sind eher beige, andere sind leicht dunkelbraun und einige sind gelblich-braun. Die inneren Deckenbahnen bestehen oftmals aus Testpapier, das aus Hartholzbäumen hergestellt wurde, die kürzere Fasern haben – diese wären für sich genommen relativ schwach und leicht verschleißbar, da jedoch die äußere Deckenbahn eine größere Reiß- und Bruchfestigkeit verleiht, ist die Verwendung eines schwächeren Papiers im Innern unproblematisch. Das Wellpapier, das die Schicht zwischen der inneren und der äußeren Schicht bildet, kann entweder aus Test- oder aus Kraftpapier bestehen, die jeweils leicht unterschiedliche Kartontexturen erzeugen.

Um die Unterschiede zwischen den Papiertypen zu verstehen, muss man sich den Prozess der Papierherstellung ansehen. Dieser beginnt mit der Produktion von Holz, das von Bäumen stammt (vorzugsweise von Bäumen, die nachhaltig angebaut wurden). Die Bäume werden gefällt, transportiert, entrindet, geschnitten und zu Hackschnitzeln zerkleinert. Anschließend werden die Hackschnitzel entweder auf mechanischem oder chemischem Wege aufgeschlossen. Mechanischer Aufschluss ist eine Aufschlussmethode, bei der die Hackschnitzel mit Hilfe einer Maschine zu Pulpe (Zellstoff) zermahlen werden. Beim chemischen Aufschluss werden die Holzschnitzel mit Hilfe von Chemikalien zu Zellstoff abgebaut. Die dabei verwendeten Chemikalien sind entweder Sulfate oder Sulfite. Der Sulfataufschluss ist das gängigere Verfahren – durch den Einsatz einer Lauge wird eine stärkere Variante von Zellstoff erzeugt. Aus der Pulpe wird dann das Kraftpapier hergestellt – es hat normalerweise einen braunen Farbton, kann aber mit einer chemischen Bleiche auch gebleicht werden, um eine weiße, grauweiße oder graue Farbe zu erhalten. Je nach anfänglichem Braunton, der wiederum davon abhängt, aus welcher Baumart die Hackschnitzel gewonnen wurden, lassen sich verschiedene Grautöne realisieren.

Wenn hingegen Altpapier verwendet wird, dann beginnt der Prozess mit einer beliebigen Sorte von wiederaufbereitetem Abfall. Alternativ kann halbrecyceltes Papier aus einer Mischung von wiederverwertetem Altpapier und Hackschnitzeln hergestellt werden.

Was die Wellpappe anlangt, die zwischen der inneren und der äußeren Deckenbahn eingebracht wird, so werden Papierrollen durch eine Profilwalzmaschine laufen gelassen, um das Papier zu riffeln. Es gibt mehrere Arten von Wellpappe – etwa die Wellenart B oder die Wellenart R, die auch S-Pappe bzw. M-Pappe genannt werden. In mehreren wichtigen Aspekten, darunter Druckqualität und Emissionsmessungen, stellt die Wellenart R eine 30-prozentige Verbesserung gegenüber der Wellenart B dar. Vielleicht haben Sie auch schon Kartons mit den Kennzeichnungen Wellenart AB oder Wellenart BC gesehen. Mit dieser Kennzeichnung werden doppelschichtige Pappkartons von einschichtigen Pappkartons unterschieden. In der Schlussphase des Herstellungsprozesses wird Klebstoff auf die Wellenbahn und die beiden Deckenbahnen aufgebracht, um sie fest miteinander zu verbinden und den Prozess der Kartonherstellung abzuschließen.

METRISCHE UND
ANGLOAMERIKANISCHE SCHRAUBENMASSE

Es gibt viele unterschiedliche Typen von Schrauben und es ist wichtig, die richtige Schraube für eine bestimmte Aufgabe zu verwenden, da sich die Schraube andernfalls womöglich nur schwer rein- oder wieder rausdrehen lässt. Je nachdem für welchen Zweck man die Schraube verwenden will, kann man eine Holzschraube, eine Ein- oder Zweigewindeschraube, eine Doppelfeingewindeschraube, eine passivierte Schraube, eine verzinkte oder gelb passivierte Schraube, eine kupferne Kreuzschlitzschraube, eine kupferne Kreuzschlitzsenkkopfschraube, eine Trockenmauerschraube, eine selbstschneidende Edelstahlschraube oder eine selbstschneidende verzinkte Schraube, eine selbstschneidende Beton- und Mauerwerkschraube, eine Halbrundschraube aus Zink oder Messing, eine Spanplattensenkkopfschraube, eine lackierte Messingschraube oder eine schwarz lackierte Schraube, eine verzinkte Doppelgewindedachschraube oder eine Verschlussschraube verwenden. Zu den gängigen Abkürzungen für Schrauben gehören:

SS: selbstschneidend – eine Schraube, die kein Bohrloch benötigt

DG: Doppelgewinde – eine Schraube mit zwei Gewinden statt nur einem

DFG: Doppelfeingewinde – eine Schraube mit zwei Feingewinden

VZ: verzinkt – eine mit Zink überzogene Schraube für zusätzlichen Schutz gegen Korrosion

VZGP: verzinkt und gelb passiviert – eine galvanische verzinkte und gelb passivierte Schraube

Der Hauptunterschied zwischen metrischen und anglo-amerikanischen Schraubenmaßen besteht darin, dass metrische Schraubenmaße Durchmesser und Länge in Millimetern angeben, während Schraubenmaße im anglo-amerikanischen Maßsystem auf einer sogenannten (standardisierten) Gauge-Größe und -Länge in Zoll (inches) basieren.

Ein Durchmesser von 3 mm im metrischen System entspricht einer Gauge-Größe 4. Diese Größe ist im Allgemeinen erhältlich in Längen von 12 mm (½ Zoll), 16 mm (⅝ Zoll), 20 mm (¾ Zoll), 25 mm (1 Zoll), 30 mm (1 ¼ Zoll) und 40 mm (1 ½ Zoll).

Ein Durchmesser von 3,5 mm im metrischen System entspricht einer Gauge-Größe von 6. Diese Größe ist im Allgemeinen erhältlich in Längen von 12 mm (½ Zoll), 16 mm (⅝ Zoll), 20 mm (¾ Zoll), 25 mm (1 Zoll), 30 mm (1 ¼ Zoll) und 40 mm (1 ½ Zoll).

Eine metrische Größe von 4 mm entspricht einer Gauge-Größe von 8. Diese Größe ist im Allgemeinen erhältlich in Längen von 12 mm (½ Zoll), 16 mm (⅝ Zoll), 20 mm (¾ Zoll), 25 mm (1 Zoll), 30 mm (1 ¼ Zoll), 40 mm (1 ½ Zoll), 45 mm (1 ¾ Zoll), 50 mm (2 Zoll), 60 mm (2 ½ Zoll) und 70 mm (2 ¾ Zoll).

Eine metrische Größe von 4,5 mm entspricht einer Gauge-Größe von 9. Diese Größe ist im Allgemeinen erhältlich in Längen von 25 mm (1 Zoll), 30 mm (1 ¼ Zoll), 40 mm (1 ½ Zoll), 45 mm (1 ¾ Zoll), 50 mm (2 Zoll), 60 mm (2 ½ Zoll), 70 mm (2 ¾ Zoll) und 75 mm (3 Zoll).

Eine metrische Größe von 5 mm entspricht einer Gauge-Größe von 10. Diese Größe ist im Allgemeinen erhältlich in Längen von 25 mm (1 Zoll), 30 mm (1 ¼ Zoll), 40 mm (1 ½ Zoll), 45 mm (1 ¾ Zoll), 50 mm (2 Zoll), 60 mm (2 ½ Zoll), 70 mm (2 ¾ Zoll), 75 mm (3 Zoll), 80 mm (3 ¼ Zoll), 90 mm (3 ½ Zoll) und 100 mm (4 Zoll).

Eine metrische Größe von 6 mm entspricht einer Gauge-Größe von 12. Diese Größe ist im Allgemeinen erhältlich in Längen von 30 mm (1 ¼ Zoll), 40 mm (1 ½ Zoll), 45 mm (1 ¾ Zoll), 50 mm (2 Zoll), 60 mm (2 ½ Zoll), 70 mm (2 ¾ Zoll), 75 mm (3 Zoll), 80 mm (3 ¼ Zoll), 90 mm (3 ½ Zoll), 100 mm (4 Zoll), 110 mm (4 ⅝ Zoll), 130 mm (5 ⅓ Zoll) und 150 mm (6 Zoll).

Jenseits einer Größe von 6 mm bieten die meisten Hersteller keine Schrauben an, deren Größe sich in Schritten von ½ mm oder 1 mm steigert. Am häufigsten werden solche Schrauben in folgenden Längen produziert: 10 mm, 12 mm, 16 mm, 20 mm, 25 mm, 30 mm, 35 mm, 40 mm, 45 mm, 50 mm, 60 mm, 70 mm, 80 mm, 90 mm und so weiter.

DIE *KRITIK DER REINEN VERNUNFT* VON IMMANUEL KANT: EINE KURZE ZUSAMMENFASSUNG

Die *Kritik der reinen Vernunft* beginnt mit Kants Theorie der Ästhetik, wobei er diesen Begriff annäherungsweise in einem Sinn verwendet, der von der gewöhnlichen Bedeutung des Begriffs abweicht. Kant unterscheidet in seiner Ästhetik zwischen intuitiven und begrifflichen Aspekten, das heißt, dass wir zwischen intuitiven Wahrnehmungen und in Begriffe übersetzte Wahrnehmungen unterscheiden müssen. Um auf die »Intuition« zu verweisen, verwendet Kant das Wort »Anschauung«, was darauf schließen lässt, dass er die Intuition als der Wahrnehmung nahestehend begreift.

Kant ist der Auffassung, dass der menschliche Verstand aktiv an der Intuition und Begriffsbildung mitwirkt, und Wahrnehmungen nicht nur passiv aufnimmt. Man muss sich auch bewusst sein, dass Kant das Wort »Verstand« verwendet, um die Wechselwirkung zwischen logischem Denken und Begriffsbildung zu beschreiben. Anschließend analysiert er die verschiedenen Arten von Wissen, die wir aus unseren Wahrnehmungen und Intuitionen bzw. unseren Anschauungen erlangen und mit Hilfe unseres Verstandes ableiten können. Ein Urteil (das sich auf Sachverhalte bezieht und ein Subjekt und ein Objekt enthält) kann zum Beispiel dann als analytisch betrachtet werden, wenn es tautologisch ist, oder wenn es in einer Weise analysiert werden kann, die zeigt, dass das Prädikat im Subjekt enthalten ist. Wenn ein Urteil nicht analytisch ist, dann muss es, nach Kant, definitionsgemäß synthetisch sein. Außerdem ist es wichtig, zwischen Urteilen *a priori* und Urteilen *a posteriori* zu unterscheiden; diese Unterscheidung bezieht sich auf die Frage, ob ihre Wahrheit empirisch – aus der Erfahrung – überprüfbar ist oder nicht. Im Allgemeinen sind analytische Urteile *a priori*, während alle *a-posteriori*-Urteile synthetisch sind, weil ihr Subjekt ihr Prädikat nicht enthält.

Die entscheidende Frage aber, die den meisten Kant-Lesern sofort in den Sinn kommt, lautet: Kann ein Urteil sowohl synthetisch als auch *a priori* sein? Kant behauptet letztlich, dass die wichtigsten Urteile, die man mit Hilfe philosophischer Sprache treffen kann, sowohl synthetisch als auch *a priori* sind (anders gesagt: weder analytisch noch *a posteriori*). So weist er zum Beispiel darauf hin, dass Humes Behauptung, synthetische Urteile *a priori* seien unmöglich, ironischerweise selbst ein synthetisches Urteil *a priori* sei. Ähnliche Argumente könnte man in Bezug auf viele Aussagen vorbringen, die später von den logischen Positivisten gemacht wurden.

Die nächste grundlegende Unterscheidung, die Kant trifft, ist die zwischen Phänomena und Noumena. Das Phänomenale ist die reale Welt, so wie wir sie auf der Grundlage unserer Wahrnehmungen und unserer Intuition bzw. unserer Anschauung und unseres Verstandes verstehen. Der ganze Begriff der Objektivität gründet selbstverständlich in unserer Wahrnehmung und unserem intuitiven Verständnis von Phänomenen. Das Noumenale ist die Welt, wie sie an sich ist, also unabhängig von unseren Wahrnehmungen, unserer Intuition, unserer Anschauung oder unserem Verständnis von ihr. Anders gesagt: Die noumenale

Welt ist einfach. Daraus folgt ganz offensichtlich, dass die Welt, die wir kennen, die phänomenale Welt ist, die zwar mit der noumenalen Welt in Verbindung steht, aber an und für sich nicht die noumenale Welt ist. Dies bedeutet, dass wir die noumenale Welt nicht direkt wahrnehmen können.

Wir werden auf diesen wichtigen Unterschied zurückkommen, wenn wir beginnen, uns Kants Theorie des transzendentalen Wissens zu erschließen. Die transzendentale Deduktion liegt jenseits der Erfahrung. So könnte beispielsweise die Deduktion vom Phänomenalen auf das Noumenale oder vom Subjektiven auf das Objektive als transzendent betrachtet werden. Als transzendental könnte man also eine Intuition definieren, die unsere spezifische Erkenntnisweise betrifft. Wie andere Wörter, wie zum Beispiel »ästhetisch«, »objektiv« und »Verstand«, verwendet Kant also auch »transzendental« in einer Weise, die nicht der üblichen Bedeutung entspricht. Dies bedeutet, dass wir immer daran denken müssen, unsere gewöhnliche Wahrnehmung der Bedeutung der Wörter zu vergessen, wenn wir die *Kritik der reinen Vernunft* lesen. Eine ähnliche Unterscheidung gilt für den Gegensatz zwischen »rein« und »empirisch«. Für Kant ist ein Begriff dann rein, wenn er nicht empirisch ist, das heißt, wenn er transzendental ist und durch Abstraktion aus der Erfahrung abgeleitet wurde.

EINIGE NEUERE ENTWICKLUNGEN
AUF DEM GEBIET DER STRINGTHEORIE

- Im Jahr 1984 bewiesen K. Kikkawa und M. Yamasaki von der Universität Osaka Folgendes: Wenn man eine der zusätzlichen Dimensionen zu einem Kreis mit dem Radius R »aufrollt«, dann ist die gleiche Theorie anwendbar, wie wenn wir diese Dimension mit dem Radius 1/R aufrollen.

- Wenn wir diese T-Dualität auf verschiedene Superstrings anwenden, können wir fünf verschiedene Stringtheorien auf drei zurückführen.

- In den neunziger Jahren zeigte Juan Maldacena, dass eine Stringtheorie, welche die Gravitation in fünf Dimensionen einschließt, einer vierdimensionalen Quantenfeldtheorie in vier Dimensionen äquivalent ist.

- Die nachfolgende AdS/CFT-Korrespondenz stellte eine Beziehung zwischen der Gravitations- und der Quantenfeldtheorie her.

- Im Jahr 1995 zeigte Edward Witten, dass die sogenannten Typ-I-, Typ-IIA- und Typ-IIB-Stringtheorien sowie die beiden heterotischen Stringtheorien (SO(32) und E8xE8) auf eine einzige Theorie, die M-Theorie, zurückgeführt werden können.

- Typ-IIA- und Typ-IIB-Stringtheorien sind in neun Dimensionen identisch, und das Gleiche gilt für E8xE8- und SO(32)-Stringtheorien.

- S-Dualität und U-Dualität haben geholfen, die Dualität zwischen den perturbativen (störungstheoretischen) und nicht-perturbativen Teilen der Stringtheorie zu definieren.

- Im Jahr 1998 lieferten Alain Connes, Michael R. Douglas und Albert Schwarz einige bedeutende Beiträge über die Beziehung zwischen Matrix-Modellen und der M-Theorie, indem sie eine nichtkommutative Quantenfeldtheorie anwandten.

- Edward Witten hat (zusammen mit Paul Townsend) auch eine Dualität zwischen zehndimensionalen Typ-IIA-Stringtheorien und der 11-dimensionalen Supergravitation nachgewiesen.

- Cumrun Vafa und Andrew Strominger haben gezeigt, dass sich die Bekenstein-Hawking-Entropie eines Schwarzen Lochs mit den solitonischen Zuständen einer Superstringtheorie erklären lässt.

- Cumrun Vafa ist auch teilweise verantwortlich für die Gopakumar-Vafa-Vermutung, die besagt, dass sich die Gromov-Witten-Invarianten einer Calabi-Yau-Dreifaltigkeit kanonisch durch ganzzahlige Invarianten (die wir BPS-Zahlen nennen können) ausdrücken lassen.

DIE UNTERSCHIEDLICHEN GRÖSSEN UND FARBEN VON ZIEGELSTEINEN IN GROSSBRITANNIEN

- Ziegelsteine müssen im Allgemeinen so klein sein, dass sie sich in einer Hand halten lassen, während der Mörtel mit der anderen Hand aufgebracht wird. Eine kleine Ziegelsteingröße bedeutet, dass Maurerarbeiten länger dauern, weil für eine bestimmte Fläche mehr Ziegelsteine benötigt werden.

- In Ostengland wurden die ersten Ziegelsteine im späten 13. und frühen 14. Jahrhundert hergestellt. Ziegelsteine waren damals relativ klein, aber einige frühmittelalterliche Ziegelsteine hatten eine Standardgröße von 13 Zoll (33 cm) x 6 Zoll (15 cm) x 2 Zoll (5 cm).

- Die meisten Ziegelsteine aus dem 15. Jahrhundert maßen ungefähr 9 ½ Zoll (24 cm) x 4 ½ Zoll (11,4 cm) x 2 Zoll (5 cm), und in einer Urkunde aus dem Jahr 1571 wird die nahezu deckungsgleiche Größe von 9 Zoll (23 cm) x 4 ½ Zoll (11,4 cm) x 2 ¼ Zoll (5,72 cm) angegeben.

- Im späten 17. und frühen 18. Jahrhundert wurde das Herstellungsverfahren von Ziegelsteinen verbessert, als ein Tongemisch und bessere Formen eine Vereinheitlichung der Ziegelgröße möglich machte.

- Im späten 17. Jahrhundert waren Rot, Blaurot und Grau gängige Farben von Ziegelsteinen. Um das Jahr 1730 herum waren auch bräunliche und rosafarbene Ziegel weit verbreitet. Ziegelsteine waren in dieser Zeit noch immer kleiner und in ihrer Größe weniger gleichförmig als moderne Ziegel.

- In der Mitte des 18. Jahrhunderts waren die meisten Ziegel grau, obgleich gelbe Londoner Mergelziegelsteine um das Jahr 1800 in Mode kamen.

- Ab der Mitte des 18. Jahrhunderts ermöglichten es mechanisierte Fertigungsverfahren, festere Tonsorten zu dichteren und größeren Ziegeln zu pressen.

- Im 18. Jahrhundert hat das britische Unterhaus eine Größe von 8 ½ Zoll (22 cm) x 4 Zoll (10,1 cm) x 2 ½ Zoll (6,35 cm) für Ziegelsteine vorgeschrieben. Dies entspricht den modernen Maßen (siehe unten).

- Die Regierung führte 1784 eine Ziegelsteuer ein. Sie wurde je Ziegel erhoben, sodass Ziegelhersteller dazu übergingen, viel größere Backsteine herzustellen.

- Joseph Wilkes aus Measham trieb es auf die Spitze: Er stellte Ziegelsteine her, die doppelt so groß wie üblich waren (ungefähr 110 mm x 110 mm x 235 mm beziehungsweise 4 ⅜ Zoll x 4 ⅜ Zoll x 9 ¼ Zoll). Ihre Spitznamen lauteten »Jumbies« oder »Wilkes's Gobbs«.

- Daraufhin legte die Regierung für einen Ziegel eine Obergrenze von 150 Kubikzoll (2458 cm³) (10 Zoll x 5 Zoll x 3 Zoll) fest, aber Ziegel aus dieser Zeit blieben weiterhin größer als die früheren Ziegel.

DIE MECHANIK VON BOWLINGBAHNEN

Auf frühen Bowlingbahnen wurden die Pins (Kegel) von Hand aufgestellt, was ein komplexer und arbeitsaufwendiger Prozess war. Den ersten automatischen Pinsetter (Kegelstellmaschine) ließ sich Gottfried Schmidt patentieren, und er wurde ab 1946 von der American Machine and Foundry Company gefertigt. Er wog fast zwei Tonnen und war 9 Fuß (2,7 Meter) hoch.

In den anschließenden Jahrzehnten sind automatische Pinsetter immer leichter und leistungsfähiger geworden. Ein Pinsetter besteht aus vier Hauptteilen: dem Abräumer (Rechen), dem Pinaufzug, dem Pinverteiler und dem Pindeck. Die anfängliche Anordnung der zehn Pins heißt Rack, und jedes Spiel besteht aus zehn Frames (Durchgängen), in denen man zwei Würfe hat. Der Pinsetter ist so konstruiert, dass er den Rack zu Beginn jedes Frames wieder in seiner ursprünglichen Formation aufstellt und sämtliche Pins, die umgestoßen wurden, abräumt.

Ein automatischer Pinsetter setzt sich aus 4000 Einzelteilen zusammen. Die meisten modernen Stellautomaten verwenden eine kleine Scannerkamera, die oberhalb der Lauffläche angebracht ist. Die vom Scanner gesammelten Daten werden von einem Algorithmus analysiert, um festzustellen, welche Pins umgeworfen worden sind. Das System leitet diese Information an den Pinsetter weiter.

Ältere Stellautomaten mussten noch ohne derartige Scanner auskommen, sodass der Stellmechanismus mit einer Vorrichtung versehen war, die mechanische Finger benutzte, um festzustellen, welche Pins umgeworfen worden waren. Dies war eine heikle Aufgabe, da sie ausgeführt werden musste, ohne die stehen gebliebenen Pins zusätzlich umzuwerfen.

Sofern nach dem ersten Wurf Pins stehen geblieben sind, ist der Pinsetter so ausgelegt, dass er die verbliebenen Pins aufhebt und jene Pins abräumt, die umgestürzt, aber nicht in die Rinne (engl. gutter) gefallen sind, um dann die verbliebenen Pins ordnungsgemäß wieder auf der Lauffläche anzuordnen.

Ein Sensor, der vor den Pins angebracht ist, löst den Stellautomaten aus – nach einer sehr kurzen Verzögerung, die es der Kugel erlaubt, die Pins oder das Brett an der Rückseite der Bahn zu treffen, falls sie die Pins verfehlt haben und in dem Fallraum landen sollte. Der Fallraum ist der Bereich direkt hinter dem vollständigen Pinsatz (Rack), der die Kugel und sämtliche Pins aufnimmt, die nach dem Auftreffen der Kugel von der Bahn gefegt wurden.

Als Erstes kommt der Abräumer (Rechen): ein rechteckiges Metallblech, das vor den Pins herunterfährt, um den Stellautomaten vor Kugeln zu schützen, die regelwidrig geworfen wurden, bevor die Pins wieder aufgestellt werden konnten. Jetzt, da der Rechen platziert ist, senkt sich der Pinsetter herab, um die verbliebenen Pins aufzuheben. Der Pintisch, ein Teil des Stellautomaten mit zehn Löchern, wird auf die Pins herabgelassen. Die zehn Löcher sind so gestaltet, dass sie genau auf die verbliebenen Pins passen und sie sichern, während die umgestürzten Pins abgeräumt werden. Die Zangen des Pintischs greifen die Pins und ziehen sie nach oben. Zu diesem Zeitpunkt ermittelt der Pinsetter automatisch, wie viele Pins aufgegriffen wurden und leitet diese Information an die automatische

Punktestandberechnungssoftware weiter. Jetzt, wo der Pinsetter sicher hochgefahren ist, wird der Abräumer so zur Rückseite der Bahn bewegt, dass er sämtliche umgefallene Pins in den Fallraum kehrt. Diese Pins werden nun vom Fallraum zum Pinaufzug weitergeleitet, der die Pins in eine Position hebt, von der aus sie vom Pinsetter wieder aufgestellt werden können.

Der Abräumer kehrt in die Schutzposition zurück, in welcher er den Pinsetter erneut vor nicht regelgemäß geworfenen Kugeln abschirmt. Jetzt fährt der Pintisch herunter, und die Greifzangen lösen sich, sodass die Pins sanft in ihre ursprünglichen Positionen zurückfallen. Anschließend fährt der Pinsetter erneut in seine Ausgangsstellung zurück; die Pins sind jetzt wieder ordnungsgemäß angeordnet. Der Abräumer wird abermals angehoben, und die Pins stehen bereit für den nächsten Wurf. Zu diesem Zeitpunkt werden Pins, die im Pinaufzug angehoben wurden, exakt positioniert, um den Pintisch mit zehn Pins zu füllen, die bereit sind für den nächsten Durchgang.

ENTDECKEN SIE DEN AUSREISSER

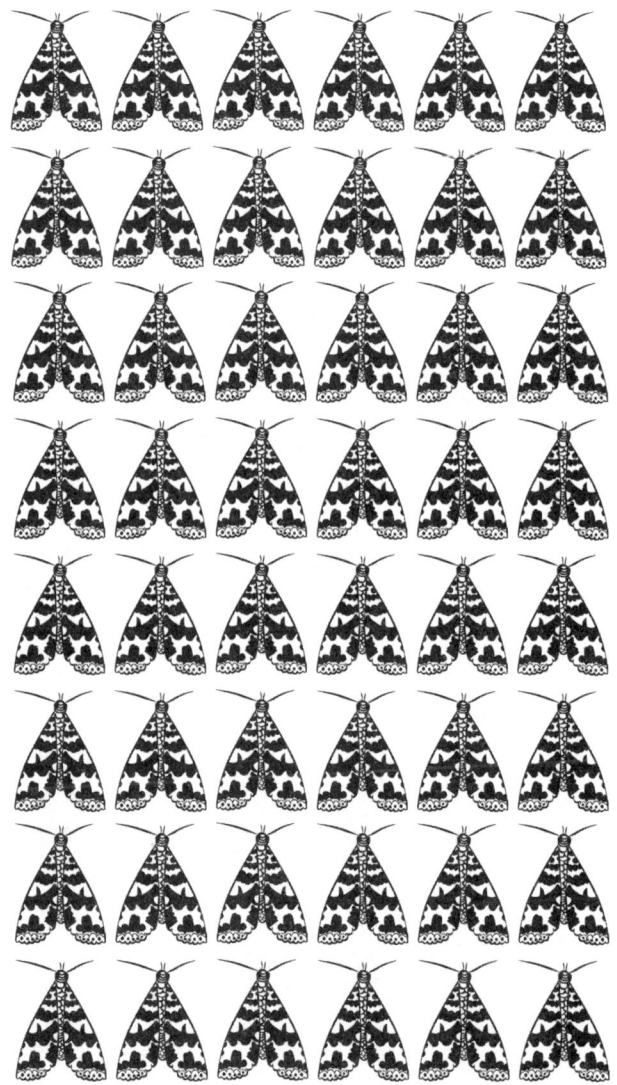

FRÜHSTÜCK IN DER ANTIKE

Archäologische Funde deuten darauf hin, dass Menschen in der Steinzeit vor über 20 000 Jahren zum Frühstück Körner aßen. Wildwachsende Getreide bildeten auch einen erheblichen Teil ihrer sonstigen täglichen Kost. Der Weizen und die Gerste, die sie verzehrten, besaßen große Ähnlichkeit mit dem Weizen und der Gerste, die wir heute essen. Ein von Archäologen entdeckter großer Mahlstein, der wie ein überdimensionaler Mörser mit Stößel aussieht, deutet darauf hin, dass die Getreidekörner gemahlen wurden, ehe man sie zubereitete. Neben Getreide aßen steinzeitliche Menschen auch Blätter, und sie tranken Wasser. Ein typisches Frühstück könnte aus Getreide, Blättern und einer Auswahl an Nüssen und Beeren bestanden haben.

In der Bronzezeit setzten Menschen häufig Honig bei ihren Mahlzeiten ein, insbesondere zum Frühstück. Getreidesamen wurden zu Mehl vermahlen, aus dem Brot hergestellt wurde. Eine Reihe von Nüssen und Samen wurden beigefügt. Zum Frühstück tranken sie auch Wasser und andere Getränke.

Während der griechischen Antike bestand die typische Kost in der Region aus Nahrungsmitteln, die in der Gegend leicht zu beschaffen waren. Das typische Frühstück, das nach Sonnenaufgang verzehrt wurde, bestand aus Brot und möglicherweise auch aus Gebäck. Honig war das wichtigste Süßungsmittel. Einige Griechen bereicherten ihren morgendlichen Speiseplan mit Oliven, Käse, Feigen oder Trockenfisch. Der Wein, der zum Frühstück getrunken wurde, wurde mit Wasser verdünnt. Viele Menschen hatten Zugang zu Fisch, der gelegentlich auch zum Frühstück gegessen wurde. Es gab keine ausgeprägte Kultur der Viehzucht, sodass Fleisch nur zu gewissen Zeiten des Jahres zu besonderen Anlässen konsumiert wurde. Die alten Griechen aßen überwiegend mit den Fingern, nicht mit Besteck.

Die Frühstücksgewohnheiten der Römer unterschieden sich nicht grundlegend von den Frühstücksgewohnheiten der Griechen, auch wenn sie stärker von den Feldfrüchten ihrer eigenen Region abhängig waren. Im Morgengrauen bereiteten Köche das Frühstück zu, das *ientaculum* genannt wurde. Wohlhabende Römer aßen typischerweise Brot, Honig und Früchte, die von einem Glas Wein oder auch einfach nur Wasser begleitet wurden. Sie aßen zum Frühstück auch Käse, Oliven und Rosinen. Doch für die meisten gewöhnlichen Römer dürfte das Frühstück aus Wasser und einem Stück Brot bestanden haben.

Die Menschen der alten Azteken- und Maya-Kulturen tranken Schokolade und aßen verschiedene Nüsse, Getreide und Früchte. Schokolade stand hauptsächlich nach der Ernte der Kakaobohnen, aus denen ein heißes Getränk gebraut wurde, auf dem Speiseplan. Im Lauf der Zeit wurde es zu einem festen Bestandteil des Frühstücks und zu Körnern und Nüssen getrunken.

In einer anderen Weltregion, in China, war Reis das erste Getreide, das extensiv angebaut wurde. Es gibt Anhaltspunkte dafür, dass der Reisanbau in China um das Jahr 5000 v. Chr. begann. Ganz genauso wie heute wurde der Reis so lange in Wasser gekocht, bis er weich genug war, um verzehrt zu werden. Im Lauf der Jahrhunderte wurde in China auch Reiswein hergestellt, der möglicherweise auch ein wichtiger Bestandteil des Frühstücks gewesen ist. Um das Jahr 4500 v. Chr. herum bauten Menschen in China auch Hirse an und verkochten diese zu einer Art Brei. Ab etwa 3500 v. Chr. wurde Tee angebaut, und schon bald war Tee das übliche Frühstücksgetränk in China. Zu ihrem Frühstücksreis aßen die alten Chinesen Früchte, Nüsse oder Gemüse unterschiedlichster Sorten.

Die frühen Inder aßen eine Vielzahl verschiedener Nahrungsmittel, die in ihrer Region weit verbreitet waren. Früchte, Körner, Wildbeeren, Fleisch und Fisch waren die häufigsten Bestandteile ihres Frühstücks. Mit der Weiterentwicklung der landwirtschaftlichen Anbaumethoden begannen sie auch Nutzpflanzen und domestizierte Hülsenfrüchte zu konsumieren. Die fruchtbaren Anbaugebiete des alten Indiens lagen in Flusstälern. Wie für die Chinesen war auch für die Inder Reis ein Grundnahrungsmittel, das zu verschiedenen Mahlzeiten mit gekochten Linsen und diversen Gemüsesorten verzehrt wurde. Bei der frühen Indus-Zivilisation bestand das Frühstück aus Weizen, Reis und Linsen. Auch Fleisch wurde in geringen Mengen konsumiert, aber dies änderte sich um das Jahr 300 v. Chr. Damals wurden viele zu Vegetariern. Das beliebteste vegetarische Frühstück bestand zu dieser Zeit hauptsächlich aus Weizenfladenbrot oder einer Art Fladenbrot, das aus Kichererbsen, Joghurt und Gemüse hergestellt wurde. Als Getränk bevorzugten sie zu diesem Nahrungsmittel gewöhnliches Wasser.

DIE BEWEGUNG VON SANDDÜNEN

Sand ist gemäß der eindeutigsten technischen Definition ein Gemenge aus Gesteinsfragmenten. Es gibt verschiedene Arten von Sand und verschiedene Methoden, ihn nach seiner Korngröße zu klassifizieren. Die Internationale Organisation für Normung (ISO) teilt Sand nach seiner Korngröße einfach in die folgenden Klassen ein: Feinsand (0,063 mm bis 0,2 mm), Mittelsand (0,2 mm bis 0,63 mm) und Grobsand (0,63 mm bis 2,0 mm). Für ein präziseres Klassifizierungssystem können wir die in den USA gebräuchliche Krumbein-Phi-Skala zurate ziehen: Feinstsand (mit einem Durchmesser von 0,0625 mm bis 0,125 mm), Feinsand (0,125 mm bis 0,25 mm), Mittelsand (0,25 mm bis 0,5 mm), Grobsand (0,5 mm bis 1 mm) und sehr grober Sand (1 mm bis 2 mm).

Sand entsteht durch Verwitterung aus Gesteinsfragmenten und beschreibt eine Zwischenphase zwischen Kieselsteinen und Ton. Im Binnenland und in nichttropischen Küstenregionen besteht Sand überwiegend aus Kieselerde (Siliziumdioxid bzw. SiO_2), die in Form von Quarz oder in anderen Formen vorliegt. Das Wort Düne bezeichnet einen Hügel aus lockerem Sand. Dünen können durch Wind (sogenannte Bildung durch äolische Prozesse) oder durch Wasser (sogenannte Bildung durch fluviale Prozesse) gebildet werden. Dünen entstehen dementsprechend auch auf den Böden von Flüssen, Seen und Meeren. Dünen sind auf der dem Wind zugewandten Seite (Luv) tendenziell länger, weil der Sand auf dieser Seite die Düne hinaufgeschoben wird, mit der Folge, dass die Düne auf der windabgewandten Seite (Lee) deutlich kürzer ausfällt.

Das Tal beziehungsweise die Mulde zwischen zwei Sanddünen wird auch Dünenwanne genannt. Ein Gebiet mit zahlreichen Sanddünen wird Dünenfeld genannt. Es gibt viele verschiedene Dünenformen. Sicheldünen (auch Barchane genannt) entstehen dort, wo der Wind konstant aus der gleichen Richtung weht. Eine Sicheldüne bewegt sich schneller und formt sich schneller um als andere Dünentypen, weil die Bewegung kontinuierlich in die gleiche Richtung erfolgt. Sand wird dabei vom Kamm der Düne heruntergeweht und fällt auf der windabgewandten Seite der Düne herunter. Dieser Prozess setzt sich fort, und die Düne verändert nach und nach ihre Position.

In den fünfziger Jahren wurde in der chinesischen Provinz Ningxia eine Gruppe von Wanderdünen beobachtet; dabei zeigte sich, dass sich die Dünen mit einer Geschwindigkeit von etwa 100 Metern pro Jahr fortbewegten. Experimente in der Libyschen Wüste in Ägypten gelangten zu einer ähnlichen Schlussfolgerung. Auch auf dem Mars gibt es Barchan-Dünen; diese verdanken ihre Entstehung einer konstanten Windrichtung auf der Oberfläche des Planeten.

Ein anderer Dünentyp ist die Längs- bzw. Lineardüne, die eine langgestreckte Form hat und sich über bis zu 150 Kilometer erstrecken kann. Eine Sterndüne ist eine pyramidenförmige Düne mit mindestens drei Seitenarmen, an deren sogenannten Lawinenhängen Sand nach unten rutscht. Diese Seitenarme strahlen sternförmig vom Zentrum der Düne aus, daher der Name dieses Dünentyps. Pyramidendünen entstehen vor allem dort, wo der Wind nicht konstant aus der gleichen Richtung weht.

Ovale oder kreisförmige Hügel besitzen nicht die Arten von Seitenflächen, wie sie charakteristisch für Sterndünen sind. Kuppeldünen sind kuppelförmige Dünen – eine für Dünen allerding eher ungewöhnliche Form. Parabeldünen sind Sandhügel mit einem parabelförmigen Grundriss. Sie entstehen, wenn sich aufgrund der besonderen lokalen Gegebenheiten eine U-förmige Senke (Mulde) bildet. Zusammengesetzte Parabeldünen ähneln gewöhnlichen Parabeldünen, aber sie besitzen eine Reihe von Längs- oder Seitenarmen, die sie von einer normalen Parabeldüne unterscheiden. Sie entstehen im Allgemeinen in einem Winkel von 90 Grad zur vorherrschenden Windrichtung. Längs- bzw. *Saif*-Dünen verlaufen parallel zur vorherrschenden Windrichtung, und sie entstehen oftmals dort, wo eine größere Düne zusammenfällt. Sie besitzen scharfgratige Kämme und finden sich vielfach in Wüsten, in denen ähnliche Bedingungen herrschen wie in der Sahara.

WISSENSWERTES ÜBER
DIE ENGLISCHE SPRACHE

Aegilops (8 Buchstaben lang) ist ein griechisches Wort, das auch im Englischen verwendet wird. Es ist das längste Wort, in dem alle Buchstaben in ihrer alphabetischen Reihenfolge angeordnet sind. Zu den kürzeren Wörtern dieser Art gehören *beefily* (fleischig) und *billowy* (wogend) mit jeweils 7 Buchstaben und *accent* (Akzent), *access* (Zugang), *biopsy* (Biopsie) und *effort* (Anstrengung) mit jeweils 6 Buchstaben.

Spoonfeed (mit dem Löffel füttern) ist mit 9 Buchstaben das längste Wort, dessen Buchstaben in umgekehrter alphabetischer Reihenfolge angeordnet sind.

Nonsupports (Verletzung der Unterhaltspflicht) ist mit 11 Buchstaben das längste Wort in englischer Sprache, das nur Buchstaben aus der zweiten Hälfte des Alphabets verwendet. Zu den Zweitplatzierten mit 10 Buchstaben gehören *soupspoons* (Suppenlöffel) und *zoosporous* (Zoosporen besitzend).

Overnumerousnesses (Überzähligkeiten) ist mit ganzen 18 Buchstaben das längste englische Wort, das nur aus Schriftzeichen besteht, die als Kleinbuchstaben keine Oberlängen, keine Unterlängen und keine Pünktchen aufweisen. *Overnervousnesses* (Übernervositäten) hat 17 Buchstaben. Weitere Wörter dieser Kategorie mit 16 Buchstaben sind *curvaceousnesses* (Kurvenreichigkeiten) und *overnumerousness* (Überzähligkeit), während *er-roneousnesses* (Fehlerhaftigkeiten), *nonconcurrences* (Nicht-zustimmungen), *overnervousness* und *verrucosenesses* (Warzigkeiten) jeweils 15 Buchstaben haben.

Dermatoglyphics (Fingerabdruckuntersuchungen) und *uncopyrightable* (nicht copyrightfähig) sind mit jeweils 15 Buchstaben die längsten englischen Wörter, in denen keine Buchstaben mehr als einmal vorkommen. Zu den Zweitplatzierten mit 14 Buchstaben gehören *ambidextrously* (beidhändig), *benzhydroxamic* (Benzhydroxam-), *hydromagnetics* (magnetohydrodynamisch), *hydropneumatic* (hydropneumatisch), *pseudomythical* (pseudomythisch), *schizotrypanum* (Schizotrypanum), *troublemakings* (Unruhestiftung), *undiscoverably* (unauffindbarerweise) und *vesiculography* (Vesikulographie).

Esophagographers (Ösophagographen) zählt 16 Buchstaben und ist das längste englische Wort, in dem jeder der Buchstaben genau zweimal vorkommt. Kürzere Wörter mit dem gleichen Muster zweifach vorkommender Buchstaben sind *scintillescent* (funkelnd) mit 14 Buchstaben, *happenchance* (Glücksfall) und *shanghaiings* (Schanghaien) mit 12 Buchstaben, *arraigning* (anfechtend) sowie *intestines* (Eingeweide) und *horseshoer* (Hufschmied) mit 10 Buchstaben.

In dem Wort *sestettes* (Sextette) kommt jeder Buchstabe dreimal vor.

Eine einfache Verschlüsselungsmethode für Geheimbotschaften ist die Caesar-Verschiebechiffre (vgl. S. 154–156).

Wenn man den Buchstaben verwendet, der 13 Stellen weiter vorn im Alphabet steht, um ein Wort zu verschlüsseln (»A« wird zu »N«, »B« wird zu »O«, »C« wird zu »P« und so weiter), dann ist diese Verschlüsselung symmetrisch, was bedeutet, dass Chiffrierung und Dechiffrierung dem gleichen Prozess folgen. Die längsten bekannten Wörter, die mit dieser Verschiebechiffre zu einem anderen richtigen Wort werden, sind *abjurer* (jemand, der abschwört) und *nowhere* (nirgends), die sich bei Anwendung dieser Verschiebung ineinander verwandeln.

Eunoia (Eunoia, Wohlwollen) ist das kürzeste englische Wort, das alle fünf Hauptvokale enthält. Längere Wörter, die die gleiche Meisterleistung vollbringen, sind *eulogia* (Eulogie), *eunomia* (Eunomia, das gute Gesetz), *eutopia* (Eutopie), *moineau* (Sperling) und *Sequoia (Mammutbaum)* mit jeweils 7 Buchstaben.

Caesious (bläulich-grau) ist das kürzeste englische Wort, das alle fünf Hauptvokale in alphabetischer Reihenfolge enthält. Den zweiten Platz teilen sich mit jeweils 9 Buchstaben: *aerobious* (aerob), *arsenious* (arsenig), *autecious* (autözisch), *facetious* (spöttisch) und *parecious* (parözisch).

Suoidea (Schweineartige) ist mit 7 Buchstaben das kürzeste englische Wort, das alle fünf Hauptvokale in umgekehrter alphabetischer Reihenfolge enthält. Mit großem Abstand folgen *duoliteral* (zwei Buchstaben) und *unoriental* (unorientalisch) mit 10 Buchstaben, *subcontinental* (subkontinental) mit 14 Buchstaben, *neuroepithelial* (neuroepithelial) und *uncomplimentary* (unhöflich) mit 15 Buchstaben.

Twyndyllyngs (mittelenglisch für »Zwillinge«) ist das mit 12 Buchstaben längste Wort der englischen Sprache, in dem keiner der fünf Hauptvokale vorkommt und das sich ausschließlich mit Ypsilons begnügt. Die Singularform *twyndyllyng* hat 11 Buchstaben, *symphysy* (Symphyse) hat 8 Buchstaben, während *nymphly* (nymphenhaft) und *rhythms* (Rhythmen) jeweils 7 Buchstaben haben.

Strengthlessnesses (Kraftlosigkeiten) ist mit 18 Buchstaben das längste Wort in der englischen Sprache, in dem ein einzelner Vokal – das »e« – mehrfach wiederholt wird. An zweiter Stelle folgt *defenselessnesses* (Wehrlosigkeiten) mit 15 Buchstaben und *degenerescence* (Degeneration) mit 14 Buchstaben. Es gibt keine Wörter mit mehr als 13 Buchstaben, die dieses Kunststück mit einem anderen Vokal fertigbringen.

WIE MAN DEN *FLOHWALZER* SPIELT

Der *Flohwalzer* (im Englischen *Chopsticks*, wörtlich »Essstäbchen«, genannt) ist ein bekanntes einfaches Musikstück für Klavier, das im Jahr 1877 von Euphemia Allen unter dem Pseudonym Arthur de Lulli komponiert wurde. Theoretisch kann er mit beiden Händen in einer Hack-Position gespielt werden, wobei die kleinen Finger die Tasten anschlagen. Es gibt auch dreihändige Variationen, die 1879 von Alexander Borodin, César Cui, Nikolai Rimski-Korsakow und Anatoli Ljadow komponiert wurden. Der mit ihnen bekannte Modest Petrowitsch Mussorgski lehnte ihre Einladung, dasselbe zu tun, ab, weil er es als sinnlose Zeitverschwendung bewertete.

Wenn Sie das Stück spielen wollen, sollten Sie zunächst das eingestrichene C auf Ihrem Klavier lokalisieren und dann das F und das G über dem eingestrichenen C. Spielen Sie diese beiden Noten sechsmal zusammen. Der Rhythmus ist ein Staccato-Walzerrhythmus, sodass die sechs Wiederholungen der Note zwei Takte ergeben.

Als Nächstes bewegen Sie den kleinen Finger ihrer linken Hand eine Taste nach unten auf die Note E und spielen weitere sechs Noten. Diese sechs Noten wiederholen denselben Rhythmus wie die ersten sechs Noten des Stücks. Wieder ist es ein konstanter Walzerrhythmus über zwei Takte.

Für die folgenden sechs Noten, die erneut den Staccato-Walzerrhythmus der ersten vier Takte wiederholen, bewegen Sie beide Hände. Der kleine Finger der rechten Hand rückt zwei Tasten nach rechts auf das B über dem eingestrichenen C, während die linke Hand eine Note nach unten rückt, auf das D über dem eingestrichenen C.

Die nächsten beiden Takte sind komplizierter. Der erste Takt besteht aus einer Wiederholung des Staccato-Walzerrhythmus für drei Noten auf dem eingestrichenen C (mit der linken Hand) und auf dem C über dem eingestrichenen C (mit der rechten Hand). Für die letzten drei Noten des Doppelstrichabschnitts des Stücks (der achte Takt insgesamt) gibt es eine absteigende Phrase in der rechten Hand, die von einer aufsteigenden Phrase in der linken Hand begleitet wird. So wird der gleiche Rhythmus wie in den ersten 21 Noten des Stücks aufrechterhalten. Zuerst spielen Sie das eingestrichene C und das C über dem eingestrichenen C (wie bei den vorangegangenen drei Noten), dann spielen Sie D mit der linken Hand und B mit der rechten Hand, anschließend E mit der linken Hand und A mit der rechten Hand.

Jetzt spielen Sie eine Reprise der ersten 21 Noten. Beginnen Sie auf dem F und dem G über dem eingestrichenen C. Spielen Sie diese beiden Noten sechsmal zusammen, in dem gleichen Staccato-Walzerrhythmus, in dem wir dieses Stück bislang gespielt haben.

Bewegen Sie als Nächstes Ihre linke Hand eine Taste nach unten auf E und spielen Sie weitere sechs Noten im selben Staccato-Walzerrhythmus. Rücken Sie dann Ihre kleinen Finger auf das B über dem eingestrichenen C und auf das D über dem eingestrichenen C. Spielen Sie nun abermals drei Noten auf dem eingestrichenen C (mit der linken Hand) und dem C über dem eingestrichenen C (mit der rechten Hand). Vielleicht verlangsamen Sie den Rhythmus ein klein wenig auf diesen letzten drei Noten, um ein Element der

Spannung einzuführen. Für die Schlussnote dieses Abschnitts spielen Sie einfach dieselben beiden Noten, das eingestrichene C und das C über dem eingestrichenen C, halten die Tasten aber zwei Takte lang gedrückt, statt mit dem Staccato-Walzerrhythmus fortzufahren. Vielleicht sollten Sie auch diesen Abschnitt im Vergleich zum gewöhnlichen Tempo des Stücks eher langsam spielen.

Im nächsten Abschnitt ändert sich der Rhythmus geringfügig. Es ist nach wie vor ein Walzer, aber die Noten werden in Zweiergruppen gespielt und bei jedem dritten Takt wird eine Pause eingelegt. Komplizierter wird dies alles dadurch, dass die erste der beiden Noten auf dem letzten Taktschlag des vorhergehenden Takts gespielt wird. Nachdem Sie also, wie vorstehend beschrieben, das eingestrichene C und das C über dem eingestrichenen C für zwei Schläge im sechzehnten Takt des Stücks gedrückt gehalten haben, machen Sie nun gewissermaßen einen Sprung, um, für einen Taktschlag, das C über dem eingestrichenen C und das E über dem C über dem eingestrichenen C zu spielen. Beim ersten Schlag des siebzehnten Takts spielen Sie dann das D über dem C über dem eingestrichenen C und das B über dem eingestrichenen C (und halten diese Note während einer Pause auf dem zweiten Schlag des siebzehnten Takts). Mit demselben Rhythmus spielen Sie dann das A über dem eingestrichenen C und das C über dem eingestrichenen C für den dritten Schlag dieses Takts, worauf Sie die Finger für zwei Schläge auf das G und das B verschieben. Im nächsten Takt spielen Sie wieder drei Noten, eben so wie in früheren Takten. Auf dem letzten Schlag des Takts wiederholen Sie das G und das B, dann wiederholen Sie diese Kombination und fahren fort.

ZZZZZZZZZZZZZZZZZZZZZZZZZZZZZZZZZZZZZZZZZZZZ
ZZZZZZZZZZZZZZZZZZZZZZZZZZZZZZZZZZZZZZZZZZZZ
ZZZZZZZZZZZZZZZZZZZZZZZZZZZZZZZZZZZZZZZZZZZZ
ZZZZZZZZZZZZZZZZZZZZZZZZZZZZZZZZZZZZZZZZZZZZ
ZZZZZZZZZZZZZZZZZZZZZZZZZZZZZZZZZZZZZZZZZZZZ
ZZZZZZZZZZZZZZZZZZZZZZZZZZZZZZZZZZZZZZZZZZZZ
ZZZZZZZZZZZZZZZZZZZZZZZZZZZZZZZZZZZZZZZZZZZZ
ZZZZZZZZZZZZZZZZZZZZZZZZZZZZZZZZZZZZZZZZZZZZ
ZZZZZZZZZZZZZZZZZZZZZZZZZZZZZZZZZZZZZZZZZZZZ
ZZZZZZZZZZZZZZZZZZZZZZZZZZZZZZZZZZZZZZZZZZZZ
ZZZZZZZZZZZZZZZZZZZZZZZZZZZZZZZZZZZZZZZZZZZZ
ZZZZZZZZZZZZZZZZZZZZZZZZZZZZZZZZZZZZZZZZZZZZ
ZZZZZZZZZZZZZZZZZZZZZZZZZZZZZZZZZZZZZZZZZZZZ
ZZZZZZZZZZZZZZZZZZZZZZZZZZZZZZZZZZZZZZZZZZZZ
ZZZZZZZZZZZZZZZZZZZZZZZZZZZZZZZZZZZZZZZZZZZZ
ZZZZZZZZZZZZZZZZZZZZZZZZZZZZZZZZZZZZZZZZZZZZ
ZZZZZZZZZZZZZZZZZZZZZZZZZZZZZZZZZZZZZZZZZZZZ
ZZZZZZZZZZZZZZZZZZZZZZZZZZZZZZZZZZZZZZZZZZZZ
ZZZZZZZZZZZZZZZZZZZZZZZZZZZZZZZZZZZZZZZZZZZZ
ZZZZZZZZZZZZZZZZZZZZZZZZZZZZZZZZZZZZZZZZZZZZ
ZZZZZZZZZZZZZZZZZZZZZZZZZZZZZZZZZZZZZZZZZZZZ
ZZZZZZZZZZZZZZZZZZZZZZZZZZZZZZZZZZZZZZZZZZZZ
ZZZZZZZZZZZZZZZZZZZZZZZZZZZZZZZZZZZZZZZZZZZZ
ZZZZZZZZZZZZZZZZZZZZZZZZZZZZZZZZZZZZZZZZZZZZ
ZZZZZZZZZZZZZZZZZZZZZZZZZZZZZZZZZZZZZZZZZZZZ
ZZZZZZZZZZZZZZZZZZZZZZZZZZZZZZZZZZZZZZZZZZZZ
ZZZZZZZZZZZZZZZZZZZZZZZZZZZZZZZZZZZZZZZZZZZZ
ZZZZZZZZZZZZZZZZZZZZZZZZZZZZZZZZZZZZZZZZZZZZ
ZZZZZZZZZZZZZZZZZZZZZZZZZZZZZZZZZZZZZZZZZZZZ
ZZZZZZZZZZZZZZZZZZZZZZZZZZZZZZZZZZZZZZZZZZZZ

DIE AUTOREN

Professor K. McCoy ist auf die Analyse hypnotischer Zustände und Somnambulismus spezialisiert. Sie lebt an der Küste und verbringt täglich – außer an Montagen – eine Stunde damit, Steine zu bewegen, um eine Ufermauer zu bauen.

Dr. Hardwick ist Experte für stereotype Lethargie. Er ist weltweit eine der führenden Autoritäten für Schraubenzieher.

DER ÜBERSETZER

Thorsten Schmidt, geboren 1960, studierter Romanist und Germanist, ist freiberuflicher Übersetzer aus dem Englischen und Französischen und überträgt vornehmlich Sachbücher aus den Fachbereichen Wirtschaft, Politik, Geschichte und Psychologie.